别怕，
统计学
其实很简单

徐苑琳 李倩星 | 编著

北京大学出版社

内 容 提 要

本书是一本优秀的统计学入门读物,首先介绍了统计学理论知识,激发读者对统计分析的兴趣,帮助读者完成理论准备。之后通过近 30 个商业案例深入地介绍了每种分析方法背后的原理、优缺点、适用范围等,使读者不仅知其然,更知其所以然。

本书注重实际应用,帮助读者在短时间内了解统计学的知识体系,体会到统计学在各行各业中是如何发挥强大作用的;使读者具备一定的统计分析能力,并将这些知识应用到实际工作中。

图书在版编目(CIP)数据

别怕,统计学其实很简单 / 徐苑琳,李倩星编著 . —北京:北京大学出版社,2019.12
ISBN 978-7-301-30875-2

Ⅰ.①别… Ⅱ.①徐… ②李… Ⅲ.①统计学-基本知识 Ⅳ.① C8

中国版本图书馆 CIP 数据核字 (2019) 第 225679 号

书　　　名	别怕,统计学其实很简单
	BIEPA, TONGJIXUE QISHI HEN JIANDAN
著作责任者	徐苑琳 李倩星 编著
责 任 编 辑	吴晓月　王继伟
标 准 书 号	ISBN 978-7-301-30875-2
出 版 发 行	北京大学出版社
地　　　址	北京市海淀区成府路 205 号　100871
网　　　址	http://www.pup.cn　　新浪微博:@北京大学出版社
电 子 信 箱	pup7@ pup.cn
电　　　话	邮购部 010-62752015　发行部 010-62750672　编辑部 010-62570390
印 刷 者	三河市博文印刷有限公司
经 销 者	新华书店
	787 毫米 ×1092 毫米　16 开本　10.25 印张　233 千字
	2019 年 12 月第 1 版　2019 年 12 月第 1 次印刷
印　　　数	1—4000 册
定　　　价	45.00 元

未经许可,不得以任何方式复制或抄袭本书之部分或全部内容。
版权所有,侵权必究
举报电话:010-62752024　电子信箱:fd@pup.pku.edu.cn
图书如有印装质量问题,请与出版部联系,电话:010-62756370

前 言
INTRODUCTION

统计学是一门涉及计算机、数据库等多个专业的学科，要想成为优秀的数据分析师，不仅需要精通业务知识，还需要深厚的数学知识和广博的案例经验。本书全面地介绍了常见的统计学分析方法，包括描述性统计分析、参数估计、非参数估计、相关分析和回归分析等，并结合实际案例详细讲解了它们的应用场景与优缺点。

本书具有十分突出的实用性和普适性，是带领读者走近统计学的绝佳敲门砖，为读者后续的职业发展打下良好基础。通过阅读本书，读者可快速了解统计学这一行业的全貌，掌握统计学基础知识，并运用到实际工作中。

因作者水平有限，书中难免存有疏漏和不当之处，敬请读者批评指正。

本书有何特色？

1. 案例丰富全面，贴近生活，适合各行各业的读者

本书共有近 30 个案例，涉及零售业、电商业、餐饮业、金融业、服务业和博彩业等多个行业，有平易近人、随处可见的案例，也有难得一见、使用高新技术的案例；有规模宏大、涉及多方资源的案例，也有见微知著、仅需少量数据的案例；有成功的案例，也有失败的案例。多行业、多层次、多角度的案例分析增强了本书的可读性，读者可了解到统计学是如何在各个行业中发挥作用的。

2. 内容深入浅出，层层递进

本书从最简单的描述性统计分析入手，由易到难，依次讲解了统计图表绘制、概率分布等基础知识，以及参数估计、方差分析、相关分析和回归分析等分析方法。结合具体案例，读者将对这些理论知识有更深入的理解。读者既可按照顺序依次阅读，又可在读完理论部分后，立即阅读相关案例。

3. 语言简明扼要，脉络清晰，构建出完整知识体系

统计学的各个分析方法之间存在递进关系，如方差分析是在假设检验的基础上发展得来的，而假设检验又是对参数估计的拓展与延伸。除传统统计学分析方法外，还有机器学习方法等。本书按照各个知识点的关系合理地组织了结构，各个章节间彼此关联，构建出一个完整的统计学知识体系，以帮助读者对统计学有一个全面的认识。

本书内容及知识体系

本书共有 8 章，每一章都有一个独立的主题。全书还可分为两部分。

第一部分为第 1～3 章，内容为理论知识。其中第 1 章介绍了统计学科的起源，以及几个有趣的统计问题；第 2 章介绍了描述统计基础，包括数据的类型、常用统计量、数据预处理和绘制统计图表等；第 3 章的主题是推断统计基础，是较为重要的一章，介绍了常见的概率分布、相关分析与回归分析基础等内容。

第二部分为第 4～8 章，介绍了若干真实案例，每一章围绕一个主题展开，并涉及 5 个或 6 个具体案例。其中第 4 章为描述性统计分析，第 5 章为相关分析与回归分析，第 6 章为关联分析与聚类分析，第 7 章为决策树与模式识别，第 8 章为更多的数据挖掘算法。

案例部分又可进一步加以区分，其中第 4 章和第 5 章所介绍的方法是传统统计方法，其理论知识在第 1～3 章中有详细阐述；第 6～8 章所介绍的方法则是机器学习方法，其理论知识在案例中展开叙述。

适合阅读本书的读者

- 数据分析从业人员
- 金融行业从业人员
- 统计学专业的学生
- 数据科学程序员
- 对统计学感兴趣的各类人员

第1章 为什么要懂点统计学

1.1 这些统计问题，你会做吗 2
1.1.1 三门问题 2
1.1.2 "可靠"的医疗报告单 3
1.1.3 波斯公主选驸马 4

1.2 统计学可以帮到你 6
1.2.1 设计抽样调查 6
1.2.2 如何确定保险费用 7
1.2.3 从统计学的角度看博彩 8
1.2.4 更多现代行业应用 9

1.3 到底什么是统计学 10
1.3.1 统计学的起源 10
1.3.2 开启推断统计之门 11
1.3.3 与计算机科学的交叉和结合 12

第2章 描述统计基础

2.1 基本概念 14
2.1.1 不同的数据类型 14
2.1.2 常用统计量 15

2.2 数据预处理 17
2.2.1 补全缺失数据 17
2.2.2 剔除异常值 18
2.2.3 数据的归一化 20

2.3 绘制统计图表 21
2.3.1 多种基本图形 21
2.3.2 绘制高维图形 24

第3章 推断统计基础

3.1 常见的几种概率分布 28
3.1.1 二项分布和泊松分布 28
3.1.2 正态分布 30
3.1.3 指数分布 32

3.2 相关分析与回归分析基础 34
3.2.1 连续型和离散型相关系数 34
3.2.2 一元回归和多元回归 36
3.2.3 广义线性回归 37

第4章 描述性统计分析

4.1 描述性统计分析基础 40

4.2 频数分布分析：用统计图解决伦敦霍乱 40
4.2.1 可怕的英国霍乱 40
4.2.2 约翰·斯诺医生的实地调查 41
4.2.3 对伦敦霍乱平息过程的分析 43
4.2.4 频数分布分析小结 44

4.3 关注数据代表性：统计学家改良轰炸机 44
4.3.1 "二战"盟国轰炸德国损伤惨重 45

4.3.2　轰炸机的返航率得到提高 ………………………………… 45
　　　4.3.3　对轰炸机改进过程的分析 ………………………………… 47
　　　4.3.4　数据代表性小结 ……………………………………………… 47

4.4　异常值分析：1号店提升营销精准率 ……………………………… 48
　　　4.4.1　1号店的数据分析案例 …………………………………… 48
　　　4.4.2　1号店数据分析过程 ……………………………………… 49
　　　4.4.3　异常值分析小结 ……………………………………………… 51

4.5　对比分析：折线图指导购房者寻找合算房价 …………………… 52
　　　4.5.1　流行于购房网站的对比分析 ……………………………… 52
　　　4.5.2　数据对比展示房价波动 …………………………………… 52
　　　4.5.3　对比分析小结 ………………………………………………… 54

4.6　描述性统计分析概述：泰坦尼克号生还数据 …………………… 55
　　　4.6.1　泰坦尼克号沉船始末 ……………………………………… 55
　　　4.6.2　探索生还者相关信息 ……………………………………… 56
　　　4.6.3　描述性统计分析小结 ……………………………………… 58

第5章　相关分析与回归分析

5.1　相关分析与回归分析概述 ……………………………………………… 60

5.2　矩阵分解：价值百万美元的 Netflix 推荐系统 …………………… 61
　　　5.2.1　Netflix 为推荐系统悬赏百万美元 ……………………… 61
　　　5.2.2　构建一个推荐系统 …………………………………………… 62
　　　5.2.3　矩阵分解小结 ………………………………………………… 63

5.3　一元线性回归：引发金融危机的风险价值模型 ………………… 64
　　　5.3.1　广受欢迎的风险价值模型 ………………………………… 64
　　　5.3.2　评估一个理财产品的风险 ………………………………… 65
　　　5.3.3　一元线性回归小结 …………………………………………… 67

5.4　评分系统：星巴克选址借力大数据 ………………………………… 68
　　　5.4.1　越来越难以选择的快餐店地址 …………………………… 68

5.4.2　多元线性回归与评分系统 69
　　　5.4.3　评分系统小结 70

5.5　相关与回归概述：航空乘客数量预测 71
　　　5.5.1　随季节波动的航空乘客数量 71
　　　5.5.2　探究时间序列的相关性和回归模型 73
　　　5.5.3　相关与回归分析小结 75

第 6 章　关联分析与聚类分析

6.1　关联分析与聚类分析概述 78

6.2　购物篮分析：啤酒与尿布的经典案例 79
　　　6.2.1　沃尔玛超市中的啤酒与尿布 79
　　　6.2.2　购物篮分析案例实解 80
　　　6.2.3　购物篮分析小结 82

6.3　序列模式挖掘：Web 访问模式帮助电商优化网站 83
　　　6.3.1　序列模式挖掘存在的意义 83
　　　6.3.2　Web 访问模式与优化网站 84
　　　6.3.3　序列模式挖掘小结 86

6.4　快速聚类：通过分类降低客户退货率 87
　　　6.4.1　日益兴旺的在线销售和退货问题 88
　　　6.4.2　用聚类分析降低退货率 88
　　　6.4.3　快速聚类小结 91

6.5　层次聚类：为鸢尾花分类 91
　　　6.5.1　更多的聚类分析应用场景 92
　　　6.5.2　使用花瓣长宽、花萼长宽为鸢尾花分类 92
　　　6.5.3　层次聚类小结 95

6.6　关联与聚类综述：加州极客的聚类分析把妹法 95
　　　6.6.1　使用大数据寻找另一半 95
　　　6.6.2　分成 7 类的潜在女朋友 96

6.6.3 关联分析与聚类分析小结 98

第 7 章 决策树与模式识别

7.1 C4.5 算法：电信客户流失预测 100
7.1.1 电信客户的流失与预测 100
7.1.2 使用信息熵建立决策树模型 100
7.1.3 为一个决策树剪枝并解释其规则 102
7.1.4 决策树小结 104

7.2 自组织神经网络：最优路径和旅行商问题 105
7.2.1 旅行商问题的定义 105
7.2.2 构建自组织神经网络并加以调整 106
7.2.3 两类神经网络小结 108

7.3 贝叶斯决策：神奇的谷歌智能翻译 110
7.3.1 谷歌翻译 110
7.3.2 贝叶斯方法和智能翻译应用 111
7.3.3 贝叶斯决策小结 113

7.4 支持向量机：应用广泛的手写识别与语音识别 114
7.4.1 从阿里巴巴说起的模式识别 114
7.4.2 解决了高维诅咒的支持向量机 115
7.4.3 支持向量机小结 118

7.5 判别分析：电信行业构建客户流失模型 119
7.5.1 激烈竞争引起客户流失率升高 119
7.5.2 用于分类的线性判别分析 120
7.2.3 判别分析小结 123

7.6 模式识别综述：日趋成熟的信用评分模型 124
7.6.1 美国为限制信用评分模型立法 124
7.6.2 用多种算法实现信用评分模型 125
7.6.3 模式识别小结 127

第 8 章 更多的数据挖掘算法

8.1 核密度估计法：警务大数据预测犯罪 130
    8.1.1 《少数派报告》的现实版 130
    8.1.2 核密度估计法和圣克鲁兹市的犯罪地图 131
    8.1.3 核密度估计法小结 133

8.2 Flu Trends："谷歌流感趋势"帮助控制疫情 134
    8.2.1 谷歌流感趋势的成与败 134
    8.2.2 谷歌流感趋势与流感关联词 135
    8.2.3 以 Flu Trends 为代表的预测算法小结 137

8.3 Apriori 算法：透视美国国会投票模式 137
    8.3.1 以立法者自居的美国国会议员 138
    8.3.2 Apriori 算法和关联分析 138
    8.3.3 国会投票模式小结 141

8.4 SVD 简化数据：IBM 软件自动生成新菜谱 142
    8.4.1 IBM 推出可生成无限食谱的 APP 142
    8.4.2 SVD 简化数据与综合计算 143
    8.4.3 创新菜谱软件小结 145

8.5 文本分析：垃圾邮件过滤系统 146
    8.5.1 回顾机械分词法和贝叶斯决策 146
    8.5.2 词频统计在垃圾邮件过滤中的作用 148
    8.5.3 文本分析小结 149

8.6 AdaBoost 元算法：侦测欺诈交易 150
    8.6.1 使用异常值侦测欺诈交易 151
    8.6.2 AdaBoost 元算法的分类器构建方法 152
    8.6.3 AdaBoost 元算法小结 154

第 1 章
为什么要懂点统计学

统计学是 21 世纪一门十分热门的学科，它最早应用于记录、分析古希腊城邦发展情况，之后吸收了许多经典数学理论，最终发展成为一门独立学科。但与数学不同，统计学起源于应用，最终也落地于应用。本章介绍了一些经典的统计学问题和统计学应用场景，最后概述了统计学的发展过程。

本章主要涉及的知识点

- 这些统计问题，你会做吗
- 统计学可以帮到你
- 到底什么是统计学

1.1 这些统计问题，你会做吗

离散型概率和连续型概率是统计学的基石。有许多经典的数学问题内含着统计知识。本节选择了 3 个典型问题，向读者详细介绍了概率是什么，以及如何在实际生活中应用它们。

1.1.1 三门问题

三门问题出自一档美国电视节目。在节目中，舞台上放着 3 扇关闭的门，其中一扇门后有一辆豪车，另外两扇门后分别是一头山羊。玩家选择一扇门后，主持人会在其余两扇门中打开一扇有山羊的门，并询问玩家是否更换选择。

请问玩家是否应该更换选择呢？不更换将有多大可能选中跑车？更换又有多大可能？

当主持人打开一扇有山羊的门后，留给玩家选择的是两扇关闭的门，似乎无论玩家是否更换选择，选中跑车的可能性都是 1/2，但只需具备最基础的统计学知识，就可知道正确结果并非如此，当玩家不更换选择时，有 2/3 的概率选中跑车；反之，只有 1/3 的可能选中跑车。

不妨将 3 扇门分别标号，并假设跑车放在 1 号门后，此时玩家选择每扇门的可能性是均等的。当玩家选择 1 号门时，无论主持人打开哪扇门，玩家更换选择时会选中山羊，不更换选择时会选中跑车；当玩家选择 2 号门时，主持人只能打开 3 号门，则玩家更换选择时会选中跑车，不更换选择时会选中山羊；玩家选择 3 号门时的情形与选择 2 号门时的情形类似。

表 1.1 列出了所有的情形及它们发生的概率。

表 1.1 三门问题情况罗列

玩家第一次选择	主持人打开	玩家是否更换	玩家第二次选择	玩家是否选中豪车	此情形发生概率
1 号门	2 号门	是	3 号门	否	1/12
		否	1 号门	是	1/12
	3 号门	是	2 号门	否	1/12
		否	1 号门	是	1/12
2 号门	3 号门	是	1 号门	是	1/6
		否	2 号门	否	1/6
3 号门	2 号门	是	1 号门	是	1/6
		否	2 号门	否	1/6

由于玩家选择 1 号门时，主持人既可打开 2 号门，又可打开 3 号门，并且打开这两扇门的概率相等，因此表 1.1 前 4 行的发生概率分别是 1/12。而玩家选择 2 号门或 3 号门时，主持人只有一个选择，因此表 1.1 后 4 行的发生概率分别是 1/6。

由表 1.1 即可汇总得出玩家是否更换选择与玩家是否选中豪车这两种情况的组合概率。结果如表 1.2 所示，玩家更换选择时选中豪车的概率是未选中豪车概率的两倍，即有 2/3 的概率选中豪车；未更换选择时选中豪车的概率是未选中豪车概率的一半，即有 1/3 的概率选中豪车。

表 1.2　更换选择与选中豪车概率表

	玩家选中豪车	玩家未选中豪车
玩家更换选择	1/3	1/6
玩家未更换选择	1/6	1/3

> **提示**　这样一个计算结果是不是出乎你的意料呢？罗列表格正是统计学的一项看家本领，这项工作需要细心、耐心，不能错漏数据。无论什么统计问题，正确、整齐的数据表格都是一个重要的开始。

三门问题的另一个解题关键便是主持人并不是随机打开一扇门的，而是一定打开一扇有山羊的门。如果读者懂得条件概率和全概率公式，就不需要罗列上述复杂表格，仅列出几个公式，便可得到正确答案。这两个统计知识也可以应用到许多其他问题上，可参阅 7.3.2 小节获得更详细的内容。

1.1.2　"可靠"的医疗报告单

将统计数据罗列成表格有利于概览一个事件的全貌，从而解决实际问题。不过在罗列数据时，有一些常见的谬误却是不为大众所知的。以下是两个典型例子。

已知有一种罕见疾病的发病率是 1%，这种疾病的检测方法的准确率是 99%，小明被检测出罹患这种疾病，请问他真正患有这种病的概率是多少？

不妨假设做检查的一共有 1 万人，那么其中得病的人就有 100 人。9900 个健康人去做检查时，将有 99 个人被检测出患病，而 100 个病人去做检查时会有一个人的检测结果是健康。

如表 1.3 所示，检测结果为患病的人总共有 198 人，其中有 50% 的人实际上是健康的，即小明实际上健康的概率是 50%。与此类似，检测结果为健康的人总共有 9802 人，其中只有一人实际上患病，则对于检测结果为健康的人而言，检测错误的概率是 0.01%。

表 1.3　检测结果与真实情况统计表

	检测结果为患病	检测结果为健康
真实情况为患病	99	1
真实情况为健康	99	9801

读者可能对这个结果感到惊异。但在实际情况中，大多数医学检测的准确率都不能达到 100%。因此对罕见病来说，往往需要进一步的精确检测才能得知是否真的生病了。知道了这一点，也就无须对发生在身边的误诊感到诧异了。

另一个例子则与数据分组合并有关。医药公司对一种新药进行了双盲实验，实验组和对照组分别招募到 120 名志愿者，均划分为儿童组、少年组、成年组和老年组 4 个组别。结果发现单独对照各个组别时，对照组的痊愈率高于实验组，可是观察总体水平时，实验组的痊愈率又高于对照组。

表 1.4 所示是双盲实验具体数据。

表 1.4 双盲实验具体数据

	实验组			对照组		
	参与人数	治愈人数	治愈率 /%	参与人数	治愈人数	治愈率 /%
儿童组	60	24	40	20	12	60
少年组	30	9	30	10	4	40
成年组	20	4	20	60	12	30
老年组	10	1	10	30	6	20
合计	120	38	31.7	120	34	28.3

如表 1.4 所示，统计数据与上述奇怪现象吻合。仔细观察表 1.4，不难发现实验组中儿童和少年的数量比对照组多，成年人和老年人的数量又比对照组少。由于儿童和少年的自愈能力较强，因此在合计总数时，实验组的治愈率也就不足为奇了。这个实验明显违反了基本的设计原则，即各个组别的人数应对等这一条件，最终结果掩盖了真实情况，即这种新药不但对患者无效，甚至可能有害。

> 在实际生活中，类似的统计疏漏、错误比比皆是，有时数据处理人出于某种目的会故意误导读者。例如，出现在广告中的统计数据往往会经过美化。有时真实数据有较多的"陷阱"，稍微粗心便会得出错误的结论。读者可参阅第 2 章和第 3 章的内容，了解更多有关统计数据的秘密。第 4~8 章则列举了许多化腐朽为神奇的优秀案例。

1.1.3 波斯公主选驸马

除前述几个较为浅显的统计问题外，还有一些问题应用了更为深奥的统计知识。例如，下面这个问题。

波斯有位美丽的公主，她要在 100 个候选人中挑选自己的丈夫。候选人依次从公主面前经过，公主同一时间只能见一个人，离开公主房间的人不能再回去。当公主选某一个人后，后面的人都不能再面见公主。如果前 99 个人在经过公主房间时，公主都没有选择，那么她就必须选择最后一个人。

这是个颇具趣味的数学问题，困难的地方就在于候选人不能回头。如果能够回头，这个问题是很好解决的，公主只需把所有的候选人都看一遍，再回头挑选最心仪的那个人就可以了。

不妨再简化一下这个问题，将公主对每个候选人的心仪程度量化为一个数值，则我们的任务就是帮助公主选择心仪值最高的候选人。

由于候选人不能回头,因此就不能根据她没见过的候选人的好坏来决定选哪个人,只能根据她已见过的候选人的好坏来下决定。当公主还没开始面见候选人时,她对于候选人是一无所知的,见的候选人越多,对全体候选人的了解也就越多。

公主既不能在一无所知时就下决定,又不能面见全部候选人后再下决定,因此公主只能先观察一部分候选人,再根据这部分候选人的情况挑选丈夫。不妨假设公主先面见了一半的候选人,则此时已产生了一个最大心仪值,那么只要之后出现一个比它更大的心仪值,公主就应毫不犹豫的选择他。

但是这种做法有明显的缺陷。最佳候选人有一半的概率出现在候选人队列的前半段,也就是说,公主有一半的概率不得不嫁给最后一个人,可倘若公主只看了1/10的候选人就匆匆下决定,就有可能与最佳候选人失之交臂。

那么公主观察多少人就开始挑选丈夫比较好呢?

一共有100个候选人,不妨假设公主一共观察了k个候选人,这k个候选人也就是候选人队列中最前面的k个。最佳候选人可能的位置就有100个,落在每个位置上的概率都是1%。

如果最佳候选人位于前k个位置,那么公主就只能嫁给最后一个人,这件事发生的概率是$k\%$。如果最佳候选人的位置特别靠后,而前k个候选人又都不心仪,那么公主可能会在遇到最佳候选人前就选了另一个较好的,但不是最好的候选人。

下面从统计学角度解题。

用i代表最佳候选人的位置,只有在i大于k,而且前$i-1$个候选人中的最佳候选人位于前k个候选人之中时,公主才能选到最佳丈夫。那么对于某个固定的k来说,选到最佳候选人的概率就是:

$$P(k) = \sum_{i=k+1}^{100} \frac{1}{100} \cdot \frac{k}{i-1} = \frac{k}{100} \sum_{i=k+1}^{100} \frac{1}{i-1}$$

我们希望能找到一个k,使$P(k)$达到最大。不妨令k分别等于从1~100中的每一个整数,经过100次计算,即可发现当k等于37时,$P(k)$达到最大。也就是取前37个候选人作为观察对象时,选到最佳候选人的概率最大,这个概率大约为40%,还有60%的可能不得不选择最后一个,或者没有选到最佳的候选人。

考虑更广泛的情景,不妨使用n来代表候选人的数量,那么对于某个固定的样本数来说,选到最佳候选人的概率就是:

$$P(k) = \sum_{i=k+1}^{n} \frac{1}{n} \cdot \frac{k}{i-1} = \frac{k}{n} \sum_{i=k+1}^{n} \frac{1}{i-1}$$

用x来表示k/n的值,并且假设n充分大,则上述公式可以写成:

$$P(k) = x \int_{x}^{1} \frac{1}{t} dt = -x \cdot \ln x$$

对$-x \cdot \ln x$求导,并令这个导数为0,可以解出x的最优值,也就是1/e,约为37%。e是自然常数,其值约为 2.71828。以 n 来代表候选人个数，则取 n/e 个候选人作为观察对象是最恰当的。

不过，即便找到样本数的最优解，也仍只有约 40% 的概率选到最佳候选人，约 23% 的概率选到较好的候选人，还有约 37% 的概率不得不选择最后一个候选人。

> **提示**　波斯公主选驸马这个问题意味着这样一个事实，只需一小部分观察对象就可推断出全部观察对象中的信息，即 37% 的样本即可代表整体。这个问题可以泛化为一切寻找总体最优值的问题，而部分代表整体的思想也正是统计学的奠基思想。

1.2　统计学可以帮到你

在 1.1 节中我们讨论了 3 个经典的统计谬误与应用问题，既有离散类型，又有连续类型。由点及面，本节将进一步讨论统计学的几大应用情景，分别是抽样调查、保险问题、赌博问题和一些现代行业中的应用等。通过本节的学习，读者将了解统计学体现在实际生活中的重要作用。

1.2.1　设计抽样调查

在波斯公主选驸马的问题中，发现一小部分观察对象就可以反映全部观察对象的情况。

> **提示**　在统计学中，称全部观察对象为总体，抽取的一小部分观察对象为样本，样本的情况即可代表总体，而调查样本进而掌握总体信息的方法就称为抽样调查。

生活中存在许多这样的实例，例如，工厂质检产品、教师抽查背诵、民意测试调查等。以产品质检为例，有些一次性产品无法全部进行质检，也有些产品全部进行质检的费用过高，因此抽样质检是很有必要的。

抽样调查的有效性是毋庸置疑的，但是有一个重要而基本的问题尚未提及，即如何抽样。在波斯公主选驸马的问题中，公主按次序选择了前 37 个候选人作为样本，这样做的前提是 100 个候选人的心仪值是随机分布的。如果候选人的心仪值依次递增，那么公主就会选择最后一个人。

样本自总体中随机得到是抽样调查起作用的必要前提条件，如果工厂每次质检都是抽取 1~10 号产品，那么车间主管就会把较好的产品标成 1~10 号；如果教师每次都抽查班长背诵课文，那么其他学生的学习态度就会懈怠。此外，即便是完全随机抽样，样本中的信息也一定少于总体中的信息，因此，用样本去估计总体就必然会存在偏差。

不妨以高考试卷的设计为例，从统计学的角度来看，高考试卷的设计过程中涉及了多种抽样方法。

试题知识点的选择利用了分层抽样。高考试卷中各类题型的数目和位置都是有定例的。命题组在开始出卷之前，就已经确定了每道小题的考察范围。

把数学课本看成一个大蛋糕，命题组就是把这块蛋糕分成了好几块，每道题各自占据一块蛋糕。例如，一道考察古典概率的小题会随机考察到这一章中的几个知识点。这样，尽管每道小题考察的知识点是随机的，但它总归属于一个章节，整张试卷也就考察到了课本的全部知识，而不会出现某个章节占比过高的情况。

这种先将整体划分成好几个部分，再在每个部分中进行随机抽样的方法叫作分层抽样。使用分层抽样时应注意在不同部分抽取的样本数应与该部分的总体数目成正比，例如，第3章有10个知识点，第4章有20个知识点，考察第3章的题目就应当是第4章的一半。

确定题目的难易程度则使用了简单随机抽样。一张试卷中总是有的题目简单，有的题目难。具体哪些题目比较简单、哪些题目比较难则受到许多偶然因素的影响。总的来说，这是一个简单随机过程，就像掷骰子一样，由命题老师随机做出决定。

除分层抽样和简单随机抽样外，常见的还有系统抽样和整群抽样等抽样方法。系统抽样的特点是先将样本排好序，再按照相等距离抽取样本，例如，教务处抽查作业时会要求学号尾号为2的学生上交作业，这就是系统抽样。整群抽样则是将样本分成几个部分，并调查某一部分内的全部样本，例如，任课老师总喜欢将全班学生分成几个小组，在不同的时间收取不同小组的作业，这就是整群抽样。

1.2.2 如何确定保险费用

抽样调查是一种最基础的统计理论应用情景，统计学在保险行业、信贷行业的应用要更高深一些，不过，它们都紧密依赖于这样一条结论：当样本足够大时，样本均值将落在总体均值的附近。当样本量趋于无穷时，样本均值与总体均值的差将无限小。

例如，在测量某栋楼的高度时，可以重复测量多次，取多次测量的均值作为该楼的高度，以尽量消除每次测量时的误差，使结果尽可能接近真实值。再如，歌唱比赛中总是将多个评委评分的平均值作为选手的最后分数，也是为了消除评委的个人喜好。

统计学不但精确地推导了这一结论，同时还给出了样本个数和误差之间的关系。如果记 X 为样本均值，$E(X)$ 为总体均值，$D(X)$ 为总体方差，ε 为一个非常小的正数，则有如下不等式成立：

$$P\{|X-E(X)|<\varepsilon\} \geqslant 1-\frac{D(X)}{\varepsilon^2}$$

式中，$P\{|X-E(X)|<\varepsilon\}$ 表示事件 $|X-E(X)|<\varepsilon$ 的概率。根据该不等式，样本均值与总体均值的误差与总体方差有关，它小于 ε 的概率总是大于等于 $1-\frac{D(X)}{\varepsilon^2}$。由于方差和 ε 都是正数，因此这个概率就

小于1。

我们希望样本均值与总体均值足够接近，即 ε 足够小时，不等式 $|X-E(X)|<\varepsilon$ 仍成立。而且这件事发生的概率要尽量大，即尽量保证每次抽取样本时，样本均值都与总体均值足够接近。

当 $D(X)$ 固定时，ε 变小，就会使 $1-\dfrac{D(X)}{\varepsilon^2}$ 变小。因此，这两个要求没办法同时满足，只能尝试寻找一个最佳的 ε，使样本均值与总体均值的误差不至于太大，且发生概率不至于太小。

> **提示** 这个公式还指出另一个重点结论，即无论总体是什么样的，样本均值都会接近总体均值。例如，对于重点学校来说，学生成绩可能普遍会高于70分；对于普通学校来说，学生成绩可能集中在 60~80 分。但无论是哪所学校，只要抽取该学校一部分学生的成绩，其均值都可以代表该学校全部学生的成绩均值。

在生活中，这一公式的应用十分广泛，最常见的就是在保险行业中的应用。在现实中，保险公司会根据投保人的年龄、以往病史等信息确定投保人的具体保费，虽然不同投保人的保费不一定一致，但由于投保人很多，全体投保人的赔偿金额就会稳定在某个值附近。只要全体投保人的平均投保金额高于这个值，保险公司就是盈利的。

在信贷行业中也是如此，申请贷款的客户有许多，全体客户的平均偿还金额是稳定的，只要平均偿还金额高于平均贷款额，银行就是盈利的。固然，有些客户会破产，不能偿还贷款。但只要大多数人能够偿还，就能够保证银行盈利。

换句话说，银行并不关心具体是谁会坏账，它关心的是全部客户的均值。只要贷款的人足够多，且贷款金额足够小，大数定理就一定会起作用。因此，银行不用在众多办理小额贷款的人身上花费许多精力去评估他是否会坏账，只需针对办理大额贷款的客户进行严格的评估，这样便可节约成本，并保证盈利。

1.2.3 从统计学的角度看博彩

尽管保险公司从投保人身上攫取了不少利润，但保险总归挽救了许多破产家庭。而另一种同样依靠统计学理论盈利的行业却使人深恶痛绝，这种行业就是赌博。

福利彩票也可看作赌博的另一种形式。在开奖之前，一张彩票是否中奖是未知的，不过，彩票的中奖概率都是公开的。以最流行的福彩 6+1 为例，特等奖的中奖概率为 1/12000000。

如果将购买彩票看作一个随机事件，那么这个随机事件就有两种结果，要么中奖并得到 500 万元奖金，要么没中奖。表 1.5 列出了这两种结果及它们对应的概率。根据表 1.5，可以计算得到购买彩票的期望就是 $0\times\dfrac{11999999}{12000000}+5000000\times\dfrac{1}{12000000}$，结果约为 0.42。也就是说，购买一注价格为两元的彩票，能够得到的平均回报是 0.42 元。

表 1.5 福彩 6+1 特等奖中奖概率

	没中奖	中奖
奖金 / 元	0	500 万
概率	11999999/12000000	1/12000000

由 1.2.2 小节介绍的公式可知，购买的彩票越多，得到的平均回报就越接近 0.42 元，也就是说，亏损得越多。

考虑到特等奖的中奖概率过小，因此彩票公司设置了等级不同的一些奖项，奖金小的中奖率稍微高一些，以刺激彩民的购买意愿。

以福彩 6+1 为例，它一共有 6 种奖项，奖项等级越低，奖金越少，中奖概率越高。

表 1.6 所示是这 6 种奖项的中奖概率及对应的奖金。彩民平均每买 20 张彩票，就会中一张六等奖，这给人造成一种中奖也很容易的感觉，不过，这是否意味着买彩票是一个合算的买卖呢？

表 1.6 福彩 6+1 中奖概率

	没中奖	六等奖	五等奖	四等奖	三等奖	二等奖	特等奖
奖金 / 元	0	5	50	500	1 万	10 万	500 万
概率	11345679/12000000	1/20	1/240	1/3000	1/40000	1/600000	1/12000000

不妨计算一下福彩 6+1 的中奖期望。将每一个奖项的奖金与得奖概率相乘后求和，即可得到其获奖期望：$\frac{5}{20}+\frac{50}{240}+\frac{500}{3000}+\frac{10000}{40000}+\frac{100000}{600000}+\frac{5000000}{12000000}$，计算结果约为 1.46 元。由此可知，不管中多少注奖金，只要持之以恒地买彩票，最后的结果一定是赔。

> **提示** 已有许多张彩票没中奖，下一张一定会中奖的。这是彩民的另一种常见错觉。实际上，无论之前的中奖结果如何，下一张彩票的中奖概率都是不变的，考虑到彩票发行数量过大，彩民已持有的彩票对其他彩票的影响几乎是微乎其微的。

除彩票外，其他任何赌博项目都符合这些结论，即平均回报一定低于赌金，无论之前失败过多少次，下一次的获奖概率都不会有所改变。而赌博次数越多，真实的平均回报就越接近理论上的平均回报，由此便可明白为何赌场禁止单次赌博金额过高，这并不是在保护你的财产，而是害怕出现小概率事件，赌客赢走巨额奖金。

1.2.4 更多现代行业应用

在现代行业中，统计学有丰富多彩的应用场景，其中比较典型的有互联网行业、制造行业、投资分析行业和咨询行业等。

互联网行业中产生的数据量名列前茅，这些维度丰富、数量庞大的数据，需要掌握统计学技能的数据分析师进行处理。在这个行业中的数据分析又可细分为两类：一类是直接对网站数据进行分析，通常根据网站的访问量、跳出率和转化率等网站建设专业标准来分析网站的优缺点，从而为网站优化提供决策支持；另一类是结合实际业务进行分析，例如，根据社交网站数据分析网站上用户之间的关系，从而制定运营策略；或者根据线上零售商数据分析货物出入库情况、客户购买意愿等。

制造行业也会产生许多数据，以汽车制造为例，制造环节所能涉及的数据：每个工厂每天能生产的各类零件分别有多少，合格率分别有多少，温度、水分、光照如何影响零件的合格率；销售环节涉及的数据：每种零件所需个数、每个城市的库存数等。将统计学方法应用在这些数据上便可提供决策支持。

投行、银行、证券交易所都是投资分析行业的一部分。金融的高级形态是数学公式，西方经济学的大多数理论由数学公式严密推导得出。股票交易与博彩不同，它受到现实世界的影响，反映现实世界的经济状况，数学家与统计学家能根据统计算法预判K线图走向，难以想象投资分析行业失去统计学后会怎样。

与投行不同，咨询行业为其他公司、个人提供咨询服务，在咨询公司看来，现实世界就是一个精致的数学模型，每一个问题都可找到相关的参数，每个参数又可量化为具体值，将原始数据输入模型便可解出终极答案。猎头公司可以算是一种针对个人用户的咨询公司，珍爱网也类似。此外，还有针对特定问题的咨询公司，例如，艾瑞咨询公司，可提供关于某个行业的整体评估。

其他例子还有物流行业和公共事业等。物流行业收集道路拥堵信息，为司机规划最合理的出行路线。公共事业中的应用包括降低犯罪率、规划城市建筑和评估城市表现等情景。

1.3 到底什么是统计学

在前文中我们了解了一些有趣的统计学结论和统计学的主要应用场景。本节将介绍统计学的起源和发展，这也是本章的最后一节，通过本节的学习，读者能把握住统计学的脉络，总览该学科的主要内容，对后续学习大有助益。

1.3.1 统计学的起源

归类于统计的实践活动可追溯到远古时代，自原始人类龟卜结绳，统计和数学便一起诞生了。在奴隶时代，奴隶主出于征兵、征税的需要，定期或不定期地开展一系列有关人口、土地和财产的统计。在亚里士多德时代，古希腊开始记录城邦纪要，内容包含各城邦人口、领土、财产的详细记录，由此开创了统计学。

与理论数学不同，统计学一诞生，便肩负着认识现实事物的任务。在17世纪中叶，出于争夺世界霸权的目的，英国发展出了政治算术学派，这个学派的任务便是用数字来描述一国的经济、军事水平，并将英国国力同其他各国国力进行对比。

在这一过程中形成了许多现在仍通用的统计概念和准则。

首先，统计数据有别于理论数学，它所涉及的每一个变量都有实际意义，在数据收集工作展开前，需要提前设计数据的定义、取值范围、收集方法等，它的最终结果也能解释为现实含义。

其次，数据应遵循简约可信的原则进行收集和展示。即数据的展示形式应简约清晰，有用信息可凸显出来，图表是最佳展示方式。数据不应被人为篡改或误录，如存在真实的反常数据，则应当提供可靠的解释。

最后，这一学派提出了间接估算的统计方法，例如，根据死亡人数估计总人口数等。

这一学派出色地描述了国家的经济社会状态，帮助决策者客观认识了自己的国家，他们提出的一些统计指标至今仍具有意义，例如，国民总收入、经济增长速度和人民生活水平等。随着经济的发展，人民所关注的统计变量越来越多，例如，就业率、各类物价和经济指数等，所有这些数据合起来，逐渐演变为经济统计学。

对统计学而言，这些数据收集工作是最基础也是最重要的工作，这些工作可给出许多问题的答案，至此，统计学仍局限在描述统计的层面。

这类工作似乎简单枯燥，但它需要科学的指标体系和可操作性强的收集方法。如今社会有许多统计机构，公司内部也有自己的统计部门，它们所完成的工作大部分都属于这一类。

19世纪中叶，大量观察法被提出，即数据中隐藏的规律必须在大量数据中才能体现，那么对相同的事物做大量的观察，便可得到该事物的一般特征。由此，统计学的内容被大大延伸，统计学又肩负了另一个重要的任务，即寻找数据的统计规律。例如，男女婴儿的出生比例总是接近1:1，人类的平均寿命在缓慢增长等。

1.3.2 开启推断统计之门

前文已经提到，当样本数据无限大时，样本均值会无限接近于总体均值。考虑样本均值和总体均值的误差，容易想到这些误差有大有小，有多少个样本就有多少个误差。将这些误差绘制下来，可得到一个优美的钟形曲线，这就是正态分布。

既然误差服从正态分布，那么原数据应当也服从正态分布。假如一批数据可以很好地拟合为正态分布，就可以认为这批数据来自同一个整体；反之也成立。这个思想在19世纪中叶提出，到19世纪后期，人们逐渐发现数据并不全都服从正态分布，指数分布、卡方分布等逐渐浮出水面。

在同一时期，相关与回归理论也逐渐形成，此二者所具备的数学内涵极大地丰富了统计学的内容，并促进了统计学框架的完成。总的来说，由于我们无法真正地实现无限次实验，因此数据的统计规律只能是使用数学工具推断得出，此即推断统计。

> **提示** 了解数据服从的分布有十分重要的意义，它们最重要的应用有参数估计、假设检验和方差分析等。

参数估计可用于估计一个点，也可用于估计一个区间。点估计的意义在于使用样本信息去估计总体的一个值。例如，蔬菜在不同地区的价格不同，调查一部分地区的蔬菜价格，并用其均值作为蔬菜的真实价格，这就是一个点估计。而用包含其均值的一个区间作为蔬菜真实价格的可能区间，则是一个区间估计。这个区间上下限的选择与蔬菜价格服从的分布有关，区间越大，蔬菜真实价格落入这个区间的可能性也就越大。

假设检验是参数估计的进一步发展。既然有了估计区间，那么当拿到一个新的样本数据时，只需检查它是否落入这个区间，便可知道它是否属于这个整体。这种方法总是用于产品质量检查，例如，零件是否太大或太小等。

依赖于正态分布的参数估计和假设检验都只能应用于一个或两个总体，当总体个数多于两个时，就需要使用方差分析。方差分析最早应用于稻田试验，当多个稻种同时被播种时，使用方差分析可找出产量最高、表现最好的稻种。

相关分析与回归分析比较侧重于数学运算。

相关分析的目标是寻找出一对彼此联系的变量，例如，孩子们放暑假时，街上的冰淇淋小贩会增加。相关分析不但能刻画一对变量是否有联系，还能指出这种联系的强弱程度。通过这种分析，还能发现一些不易察觉的联系。

回归分析则给出一个数学模型，精确地指出一个参数的波动是如何影响另一个参数的波动的。例如，父亲的身高平均增高 1 厘米，儿子的身高平均增高 0.8 厘米。与相关分析不同，回归分析要求两者存在因果关系。例如，父亲的身高会影响儿子的身高，但儿子的身高不会影响父亲的身高，此二者不可颠倒。

1.3.3 与计算机科学的交叉和结合

在推断统计理论形成后，统计学家得以克服样本数据较少的问题，利用数学工具和少量样本就可刻画真实世界。计算机学科的飞速发展带来了海量样本和高速计算能力，这使情况有了质的变化。

与计算机学科关联紧密的统计学派名叫作贝叶斯派。推断统计认为总体是符合某一种分布的，需要做的就是根据样本找到这种分布，从而反推出样本的特性，因此只需较小的样本数量就可刻画总体特性。而贝叶斯派则认为总体是未知的，样本每多一个，对总体的掌握也就更多一些，因此样本数越多越好。

> **提示** 以这种思想为基础发展出了非参数估计，即最大似然估计、核密度估计等。此外，还发展出了各种聚类方法及以贝叶斯理论为核心的文本分析方法等。这些方法的原理可参阅后续相关章节。

总而言之，在与计算机科学相结合后，统计学肩负起第 3 个任务，即增加人们对总体的认识，以减少不确定性。有别于第一个任务，如今统计学对事物的刻画更加细腻真实，在海量数据的支撑下，我们对真实世界的认识也越来越完善。

第 2 章
描述统计基础

本章围绕描述统计的重要知识展开,并介绍了一些常用图表,具体包括常见的数据类型和常用统计量、数据预处理流程、常用图表等。通过本章的学习,读者将具备设计指标体系、处理数据及用图表进行展示的能力。

本章主要涉及的知识点

- 基本概念
- 数据预处理
- 绘制统计图表

2.1 基本概念

本节介绍常见的数据类型和常用统计量。数据类型包括结构化数据和非结构化数据，其中结构化数据又分为数值型数据、顺序数据和分类数据等。常用统计量有四分位数、平均差、方差和标准差等。

2.1.1 不同的数据类型

统计数据可分为结构化数据和非结构化数据。结构化数据指的是长度和结构都固定的数据，大部分统计表格都属于此类。非结构化数据指的是难以用常规表格存储的数据。

结构化数据又可分为多种不同类型。最常见的3种结构化数据是数值型数据、顺序数据和分类数据。

数值型数据是最常见的数据，也是生活中应用最多的数据。气温、价格及上班时长都属于这类数据。连续性是数值型数据的重要特性，而且数据之间具有明确的大小关系。因此，数值型数据也叫作连续型数据。

还有一些数据不是数值型数据，但同样也在统计学的研究范围中。例如，月份只有12个取值，而且不是连续的，不存在5.3月这种说法。同时，不同的月份之间具有大小关系，12月要比1月大。我们将这种存在大小关系的非数值型数据称为顺序数据。

另一个典型的顺序数据是学历。一个人的学历可以是"小学""初中""高中""大学"中的任何一个。为了便于进行统计分析，通常使用1、2、3、4来指代"小学""初中""高中""大学"。

显然，初中学历要优于小学学历，大学学历又要优于高中学历，即此处的1、2、3、4具有大小关系，但不能说"小学"与"初中"之和等于"高中"，即此处的1、2、3、4不能像数值型数据那样进行四则运算。

最后一类数据是不存在大小关系的非数值型数据，将之称为分类数据。一种典型的分类数据是季节。季节有4个取值，分别是"春""夏""秋""冬"，也可以使用1、2、3、4来指代它们。但是这里的1、2、3、4只是一个符号，而不具备任何数学上的特点。性别是另一个典型例子。

最典型的非结构化数据是文字、图像和音频。

以微博为例，由于每条微博的长度不一样，其包含的词语个数不一样，每一行数据的长度也就不一样，无法用一个列数固定的数据表来放置这些数据。

图像数据与音频数据有类似的问题，在存放这类数据时，难以用一个或几个简洁的词语来描述每张图像或每个音频的主要内容，也难以用一个固定格式的数据表来存放从中抽取到的信息，总之，具有这些特征的数据就称为非结构化数据。

介于结构化数据和非结构化数据之间的数据称为半结构化数据。半结构化数据的特点是它的数据是有结构的,但是结构的变化很大。

员工简历是一个半结构化数据的例子。员工简历通常可以分为个人信息、教育经历、项目经历和技术技能等。每一份简历都可以分成几个部分,即每一份简历的内部都存在一定的结构性。但是纵览全部简历,不同简历的结构又各不相同。有的简历没有技术技能,有的简历又多了一部分实习经历。

结构化数据可直接进行统计分析,而在对非结构化数据和半结构化数据进行统计分析时,必须先将其转化为结构化数据才行。

2.1.2 常用统计量

统计量指的是用来对数据进行分析的指标,它们共同刻画数据的特征,包括离散程度、分布均匀程度等,表2.1所示是一组有关小球的数据,当小球颜色不同时,其个数和体积也不同。

表2.1列出了12个小球的数据,其中蓝色小球有1个,体积是5立方厘米;白色小球有2个,体积是1立方厘米;绿色小球有5个,体积是0.6立方厘米;红色小球有4个,体积是0.5立方厘米。

表2.1 小球数据分布表

颜色	个数	体积/立方厘米
蓝	1	5
白	2	1
绿	5	0.6
红	4	0.5

不难得知,这组数据的均值是 $\frac{1\times5+2\times1+5\times0.6+4\times0.5}{12}=1$,中位数和众数都是0.6。其中中位数指的是将数据从大到小排列后,处于最中间的数。如果数据的个数是偶数,就取最中间两个数的均值作为中位数。众数则指的是出现次数最多的数。

这3个数据都能够反映数据的中心,与中位数相比,均值更容易受到极端值的影响。例如,在上述例子中,蓝色小球的体积就拉高了均值。而中位数则更加稳定,不会受到极端值的影响。

以上结论反过来也成立。如果一组数据的均值远远大于中位数,就意味着数据中存在非常大的值;如果一组数据的均值远远小于中位数,就意味着数据中存在非常小的值;如果一组数据的均值与中位数十分接近,则可能是数据中没有异常值,也可能是数据中同时存在非常大的值和非常小的值，二者对均值的影响相互抵消。

在度量数据中心时，中位数的稳定性要好于均值，但均值却比中位数更为大众所接受。为了增加均值的稳定性，可以使用去尾均值来代替均值，即去除样本中的最大值和最小值后，再计算均值。在歌手比赛中，有时就会去除最高的评委打分后再将几个评委打分的均值作为歌手得分，这就是一处去尾均值的应用。

均值的另一个衍生统计量是加权均值。下面将表 2.1 略做变化，如表 2.2 所示。表 2.2 用出现概率代替了个数，由于每种颜色的小球出现概率不同，因此均值就不能将体积简单平均，而应使用加权均值，其计算公式为 $5 \times 0\% + 1 \times 20\% + 0.6 \times 50\% + 0.5 \times 30\% = 0.65$。

表 2.2　4 种小球的出现概率

颜色	蓝	白	绿	红
体积 / 立方厘米	5	1	0.6	0.5
出现概率 /%	0	20	50	30

加权均值适用于样本已经分组，或者样本之间的重要程度不一致的情况。例如，在计算经济发展指标时，由于大企业对经济的影响力要远远强于小企业，因此，在根据企业利润率计算经济发展指标时，就应给大企业赋予一个较大的权重，以体现其较强的影响力。

除加权平均数外，常用的数值平均数还有调和平均数和几何平均数等。它们分别适用于几种不同的情况，均反映了数据的中心。

另一种能够反映数据分布的统计量是四分位数。将全部样本点所在的区间看作一条数轴，中位数指的是处于 50% 位置的数，四分位数指的是处于 25% 位置与 75% 位置的数。

较大四分位数与较小四分位数之差称为四分位差，它反映的是一组数据四分位数处的信息。平均差是另一个能够反映数据中全部信息的统计量。平均差是各个数据与其均值的离差绝对值的算术平均数，其计算公式为 $\dfrac{\sum_{i=1}^{n}|x_i - \bar{x}|}{n}$。此二者都反映数据的离散程度。

常用于衡量数据离散程度的统计量还有方差和标准差。方差是各个数据与其平均数离差平方的平均数，其计算公式为 $\dfrac{\sum_{i=1}^{n}(x_i - \bar{x})^2}{n}$，方差越小，就说明数据的集中程度越高。方差与平均差类似，但方差的波动性更大，当数据的离散程度较高时，方差将远远大于平均差。

标准差则是方差的平方根，也称为均方差。观察方差计算公式，可以发现当某一个数据接近均值时，对方差的影响比较小；当某一个数据远离均值时，则会引起方差较大的增长。与平均差相比，方差对偏离均值较远的数据更敏感。一组数据的离散程度正是由那些偏离均值较远的数据决定的，因此，在反映数据离散程度时，方差的效果要优于平均差。

此外，平均差只能用于数值型数据，方差和标准差则可用于分类数据和顺序数据。以二分类变量为例，假设其中某一类变量出现的概率是 p，另一类变量出现的概率是 $1-p$，则该变量的一组数据的方差计算公式为 $p \times (1-p)$，标准差计算公式为 $\sqrt{p \times (1-p)}$。

2.2 数据预处理

了解常见的数据类型和常用统计量后，本节展示了一个完整的数据预处理流程，即数据补全、剔除异常值和消除量纲等步骤。这些工作在绝大部分项目中都是通用且必不可少的。

2.2.1 补全缺失数据

缺失值是数据集中十分常见的一类数据，真实数据中往往存在或多或少的缺失值。例如，在收集个人信息时，可能某些人缺失性别信息，另一些人缺失婚姻信息等。缺失值处理的恰当与否直接影响分析结果的准确性。

处理缺失值时最简单的方法是直接将含有缺失值的行删除。由于这种方法简单，因此它的适用范围较小。一般来说，删除的缺失数据不能超过全部数据的10%；当样本量较小时，不能超过全部数据的5%。当缺失数据过多时，可以删除少部分缺失情况严重的数据，对其他缺失情况不太严重的数据使用均值、中位数等进行填补。

前文已经提到，均值和中位数是非常相似的两个数。总的来说，当数据集分布较对称时，使用均值替换空缺值较好；当数据集分布较不对称时，使用中位数替换空缺值较好。另外，也可以使用众数或其他能反映数据集中心的统计量来填补空缺值。

使用均值或中位数来填补空缺值是一种较好理解、较好操作的方法，但它也存在缺点，尤其是当数据集较大时，这种方法对数据集准确度的影响将会很大。按照相关性对空缺值进行填补是更加聪明的方法。

按照相关性填补空缺值有两种方法：按照个案相关性或按照变量相关性填补空缺值。计算个案相关性并根据相关性填补空缺值较为简单，理解起来也较为容易。我们称数据表中的一行数据为一条个案，计算个案相关性就是计算每一条数据和每一条数据之间的相似程度。

> **提示** 欧式距离是最常用于度量相似程度的统计量,欧氏距离的计算公式为 $d(x,y)=\sqrt{\sum_{i=1}^{p}(x_i-y_i)^2}$,其中 x_i 和 y_i 代表两个不同个案的不同分量。

记含缺失值的个案为特殊个案,计算其他所有个案与特殊个案的欧氏距离,则欧氏距离越小,该个案便与特殊个案越相似。找出与特殊个案最相似的 10 个个案,计算这 10 个个案的均值,该均值就是利用个案相似度为第 6 个个案计算出的均值,可用于填补该缺失值。

类似地,这种方法也可以用于填补其他个案的缺失值。显然,这种方法的思想在于既然两个个案的其他值都相似,那么这两个个案的缺失项也很可能相似。这种方法同样也可以用于填补空缺了其他值的个案。

这种方法似乎既便捷又准确,但它同样存在明显的问题。首先,非数值型变量并不适合欧氏距离公式;其次,一条个案所含的全部变量中并不是其他所有变量都与缺失变量有关。

利用变量之间的相似度填补空缺值与利用个案相似度的思想是一致的。但利用变量相似度要更加复杂一些。首先,要查看不同列之间的相关系数;其次,挑选出那些与含有空缺值的列最相关的列;再次,要将含有空缺值的列看作因变量(随其他变量的变动发生变动的变量被称为因变量,通常只有一个),将其他与之相关的列看作自变量(导致其他变量变动的变量被称为自变量,自变量可以有多个),构建回归方程;最后,根据回归方程对空缺值进行预测和填补。这种方法十分复杂,读者可阅读 3.2 节后回顾本段内容。

2.2.2 剔除异常值

异常值是数据集中较为特殊的一类值,它指的是距离大部分数据点明显较远的值。异常值的产生原因可能是数据录入错误、数据产生条件与其他数据不一致或出现小概率事件。异常值对数据分析结果会产生较大的影响。

> **提示** 箱线图观测法是最常用的异常值剔除方法。箱线图是一种利用极值、四分位数和中位数画出的图形,图中还标出了常规意义上的异常值,即距离中位数远于 3 个标准差的值。

图 2.1 所示是一个典型的箱线图。箱线图由两条虚线、一个箱子和一些异常值点组成,其中两条虚线末尾的横线是变量的两个极值;箱子的上下边缘是变量的四分位数,箱子中的粗横线则是变量的中位数。在计算极值、四分位数和中位数时,并没有把异常值考虑在内。

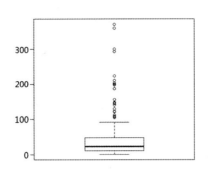

图 2.1　箱线图实例

观察箱线图，可以发现箱子和虚线都处于 0~100，而图 2.1 中由圆圈标出的异常值点则处于 100~400，这表明该变量右侧的数据是非常分散、稀疏的。

当异常值的个数非常少时，直接删除即可；在删除后应再次绘制箱线图，检查有没有新的异常值出现。当异常值的个数较多时，则应考虑数据收集是否准确，或者是否暗示了该变量的某种特点。以图 2.1 为例，它可能表明这个变量服从右偏分布。

将距离中位数远于 3 个标准差的数据点看作异常值的方法虽然简单流行，但它只能处理那些整体分布较为对称的数据集，当整体分布有多个峰值时，这种判断方法就不起作用了。

图 2.2 所示是一个具有 3 个峰的数据集，它的数据点主要集中在左侧，但右侧尾部又有两个小峰。

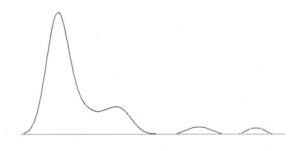

图 2.2　多峰分布的数据集

对这种多峰分布的数据集，应找出离左边数据和右边数据都很远的数据点，并将这些同时远离两个峰值的数据点视为异常值，这种异常值也叫作局部异常值。

时间序列数据是一种典型的多峰分布数据集，时间序列具有周期性，同时随着周期的增加，同一周期内的数据的波动程度也会发生改变。

也可将数据值和数据集均值的差的绝对值与数据集标准差相除，将除数和异常值分布表进行比较，除数大于临界值时，就认为该数据值是异常值。此外，异常值不但存在于一元变量中，在多元变量中探索异常值同样有其特殊的意义，例如，同时在两个变量中都异常的异常值就格外具有探究意义。

2.2.3 数据的归一化

归一化又称为标准化。在需要比较两组量纲不同的数据时，数据的标准化是必要的。例如，我们无法将一组满分值为10分的比赛得分与一组满分值为100分的比赛得分直接进行比较，后者的20分并不比前者的5分更优秀。只有将这两组数据进行标准化后进行比较才是有意义的。

在2.1.2小节介绍了数个统计量，它们也没有消除量纲。如果将小球的体积增大，那么它的均值、方差等也会随之增大。

换言之，如果一组数据的量纲特别大，那么它的方差就特别大，即便它的数据集中程度很高。因此，只有两组数据的量纲相同时，比较它们的方差才是有意义的。这一结论也同样适用于四分位差、平均差和标准差等统计量。

若想要比较两组量纲不同的数据，一种方法是先将这两组数据进行标准化，然后再计算它们的方差；另一种方法是使用一些已经消除了量纲的统计量，例如，变异系数和异众比率。

数据标准化的公式为 $x_{new} = \dfrac{x - \bar{x}}{\sigma}$，其中 x_{new} 为标准化后的数据；$\bar{x}$ 为该组数据的均值；σ 为该组数据的标准差。

变异系数是根据标准差引申出来的一个统计量，它与标准差一样，其值越大，数据的离散程度就越高。变异系数也叫作离散系数，其计算公式为 $\dfrac{\sigma}{\bar{x}} \times 100\%$，其中 σ 为标准差；$\bar{x}$ 为均值。

变异系数只能用于数值型变量，对于顺序变量和分类变量，可以使用异众比率来衡量其离散程度。变异系数使用均值来消除变量的量纲，但顺序变量和分类变量不能计算均值，因此，异众比率使用众数来消除变量的量纲。

异众比率是非众数的数据个数在数据总个数中所占的比例。

表2.3所示是一名篮球队员的出席情况，每次训练，球员可能的出席情况共有4种，分别是"迟到""早退""未出席""正常出席"，它们的次数分别为10次、10次、5次、35次。

表2.3 某篮球队员周末特训出席情况

出席情况	迟到	早退	未出席	正常出席
次数	10	10	5	35

在60次训练中，"正常出席"的次数最多，"正常出席"即为众数。除"正常出席"外，其他情况的次数一共有25次，那么这组数据的异众比率就是 $\dfrac{25}{60}$，即约42%。显然，异众比率越大，数据的离散程度就越高，众数的代表性就越弱。

> 提示
>
> 平均差、标准差和变异系数等关注的是均值的代表性，这些统计量越小，就说明数据越紧密地围绕在均值附近。而异众比率关注的则是众数的代表性。此外，异众比率和变异系数都不受量纲的影响，但异众比率受到类别个数的影响。非数值型变量的类别越多，则它的异众比率就会越大。

2.3 绘制统计图表

图表是最简洁有效的信息传达方式，无论是在探索数据的过程中，还是为他人讲解结论时，图表都十分重要。本节涉及连续型数据、离散型数据和高维数据等多种类型，介绍了常见的统计图表，以及如何用它们正确地传达信息。

2.3.1 多种基本图形

图表的类型有许多种，最常见的 3 种统计图表是散点图、条形图和折线图，这 3 种图形也是最基本的图形，适用于许多场景。

> 提示
>
> 散点图通常绘制在一张二维平面上，既可以表现一维变量，又可以表现二维变量。但是，散点图仅适用于连续的数值型变量。

图 2.3 所示是一张关于汽车行驶速度与行驶距离的散点图。它同样绘制在二维平面上，反映了两个连续的数值型变量的关系。

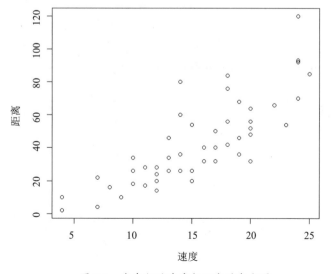

图 2.3　汽车行驶速度与距离的散点图

由图 2.3 可清楚地看出，行驶距离随着行驶速度的增加而增加，这两者有一个明显的正相关关系。类似地，也可将横轴替换为无意义的数据序号，则散点图只涉及一个变量。

> **提示** 条形图适用于两种数据，一种是具有时间关系的数据，另一种是分组数据，无论哪种数据，其纵轴总是绘制连续型变量。

图 2.4 所示是一张超市销售数据的条形图，记录了 2006—2012 年间的销售额数据。

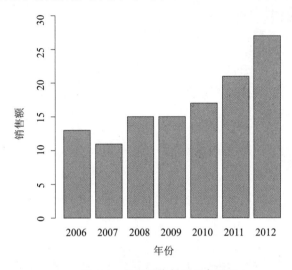

图 2.4 超市销售数据的条形图

分组数据也能用条形图来表示，即一个柱形就代表一个组别。在条形图的基础上，还延伸出复合条形图等图形。

> **提示** 折线图也是一种常用的图形，用于绘制具有时间关系的数据，且适用于时间跨度较长、数据较多的情景。

图 2.5 所示反映了 1949—1961 年间飞机乘客数量的变化。

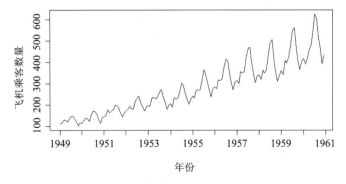

图 2.5 飞机乘客数量与年份的折线图

随着时间的推移，越来越多的人乘坐飞机，且飞机乘客的数量随着季节的变化而具有明显的规律性，在六七月份有更多的人选择乘坐飞机。

将折线图中连接点与点的线条去除后，即可得到一张散点图，且这种散点图的信息是十分明确的。但将散点图中的点简单缀连起来，一般不能得到一张有意义的折线图，只有当散点图的横轴是时间数据时，折连图中的点才是有意义的。

直方图与简单条形图十分相似，它们都是使用一些长条来表现数据。但实际上，这是两类区别非常大的图形。

图 2.6 所示是一张花萼宽度的频数直方图。

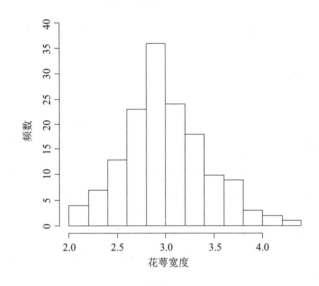

图 2.6　花萼宽度的频数直方图

> **提示**　将图 2.6 与图 2.4 作比较，即可发现直方图与条形图的一个明显区别：直方图中的条形紧紧挨在一起，而条形图中的条形之间则留有空隙。

简单条形图用于反映一个分类变量和一个数值型变量，而直方图则用于反映一个数值型变量。若纵轴表示频数，横轴表示组距，且以 0.2 为组距，将 2 到 4.4 分为 12 个小组，那么"花萼宽度"中的 150 个数据便落在这些小组之中。记录下每个小组的频数，并以频数作为每个条形的高度，即可绘出图 2.6。

直方图的作用不是反映不同条形之间的差异，而是反映变量的分布情况。观察图 2.6，可以发现花萼宽度的数据大部分分布在 2.5～3.5，越靠近 3.0 的条形就越高，数据越密集；越远离 3.0 的条形就越低，数据越稀疏。

最后一类常用图形是饼图，但它的适用性远不如其他图形广泛。饼图仅适用于表现百分比形式的分类变量，且变量的类别不能过多。当想要强调其中某一分类占总体比重时，饼图将在各方面都比条形图更好。

图 2.7 所示是一张反映世界人口中收入较低者占比的饼图。

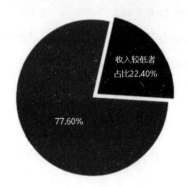

图 2.7　世界人口中收入较低者占比的饼图

当只有两个分类时，两个分类之间的差异就会变得十分明显，而且图 2.7 中标识出来的每个部分的百分比也强调了这种差异。此时饼图要优于条形图，可将每个部分占整体的比重强调出来。

2.3.2　绘制高维图形

当变量比较少时，2.3.1 小节中提到的基础图形可以很好地表现数据的特性。当变量个数比较多时，就需要一些其他的图形来表现数据。三维图是专门用于表现三维变量的图形。

图 2.8 所示是一张简单的三维散点图。三维散点图与二维散点图类似，只不过它的坐标轴由两个增加至 3 个，且这 3 个坐标轴所对应的变量都是连续型变量。

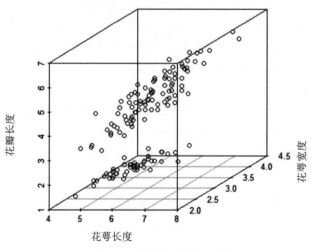

图 2.8　简单的三维散点图

在这 3 个变量所组成的三维空间中呈带状分散着 150 个散点。这些散点中的 1/3 落在左下方的位置，另外的 2/3 落在右上方的位置。为了增强立体感，三维散点图还在图形的下方增加了表格，用于帮助确定每个散点对应的位置。

> **提示** 除散点图外，折线图也可绘制成三维形式，三维的折线图也称为曲面图。它所示的图形好似一张被折过的纸，每一个折点都代表一个值。

当变量个数超过 5 个时，就需要用到雷达图、星图或脸谱图。

雷达图适用于变量个数在 5 ~ 8 个，样本点也不超过 6 个的情况。此外，雷达图还要求每个变量都是数值型变量，且具有大小关系。

图 2.9 所示是根据迈阿密热火队 5 名篮球首发队员的 5 项数据绘制的雷达图，这 5 项数据分别是得分、篮板、助攻、抢断和封盖。

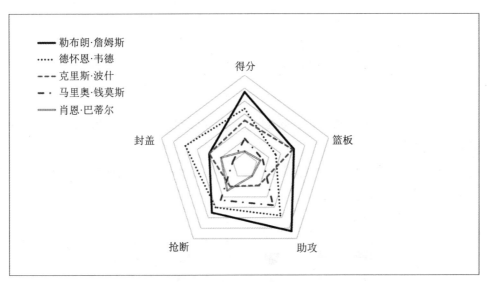

图 2.9 迈阿密热火队选手数据的雷达图

这 5 个变量组成了一个五角星，将每一个角上的数值缀连起来，则可得到一个不规则的五边形。球员的各项数据越高，对应的五边形面积就越大。

> **提示** 当样本点过多时，雷达图中的线条就会彼此遮盖，使图形中的信息变得模糊。如果将样本点分开绘制，每一个样本点都单独绘制一个多变图形，则会避免这一问题，而这样绘制出的图形就是星图。

图 2.10 所示是根据 150 个花朵样本绘制的星图，每个样本都有 5 个变量，分别是花瓣宽度、花瓣长度、花萼宽度、花萼长度和种类。

根据这 5 个变量，每个样本都可绘制出一个五边形，且五边形的每一个角都由一条轴线和中心点连接了起来。显然，5 条轴线分别对应 5 个变量的值，值越大，轴线就越长，画出的五边形也就越大。

这 150 个变量总共可绘制出 150 个五边形，观察图 2.10，可以发现它们明显分为小、中、大 3 类，前 50 个五边形最小，中间的 50 个五边形较大一些，后 50 个五边形最大。根据五边形的形状可以将这些样本点分为 3 组。这 3 组样本点恰好对应着 3 种不同的花朵。

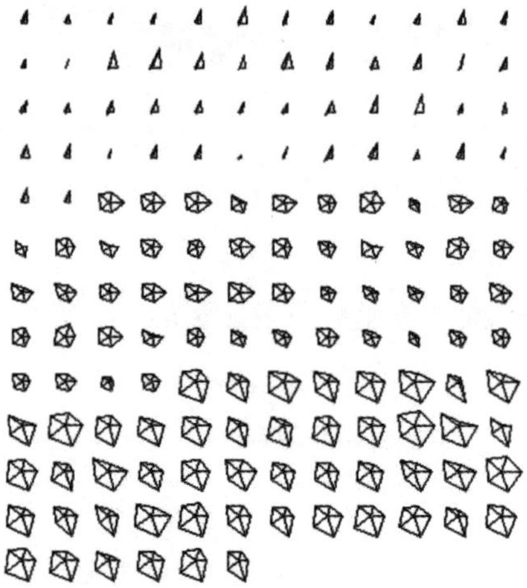

图 2.10　根据 150 个花朵样本绘制的星图

脸谱图是与星图类似的一种图形，它创建的图形与星图相似，但它适合绘制变量非常多，即变量个数超过 6 个时的情况。

图 2.11 画出了 30 张脸谱，这些脸谱的脸型、五官、发型和颜色都有较大的差异，显然，脸谱越相似，就说明对应的观测值越相似。

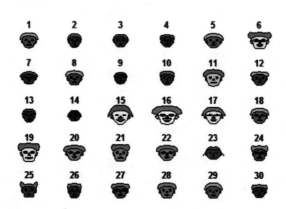

图 2.11　根据 7 个变量绘制的 30 张脸谱图

与星图相似，每一个样本点都可绘出一个脸谱。一张脸谱由 15 个变量构成，分别是脸的高度、宽度和结构；嘴唇的厚度、宽度和上翘角度；眼睛的高度和宽度；头发的高度、宽度和样式；鼻子的高度和宽度；耳朵的高度和宽度。

与星图相比，脸谱图更适合那些变量维数超过六维的数据，当变量个数少于 15 个时，将循环使用变量数据来绘制脸谱；当变量个数多于 15 个时，也可在脸谱上添加新的特征以反映数据结构。

第 3 章
推断统计基础

本章介绍了常见的概率分布、相关分析与回归分析基础等。其中，概率分布是统计学家认识世界的重要工具，当分布已知时，参数估计和假设检验将是可行的。相关分析和回归分析是一种广泛的分析手段，可以揭示不同变量间的相互关系。

本章主要涉及的知识点

- 常见的几种概率分布
- 相关分析与回归分析基础

3.1 常见的几种概率分布

本节介绍了几种最常见的变量分布,包括离散的二项分布、泊松分布及连续的正态分布、指数分布等。这些分布都来自现实现象,它们各有特点,能解决许多不同的问题。通过阅读本节,读者将掌握概率分布的基本性质。

3.1.1 二项分布和泊松分布

二项分布是最基本的概率分布,通常用 $B(k; n, p)$ 来表示,p 代表某一事件的结果为"1"的概率;n 代表随机事件发生的次数;k 代表在这 n 次事件中结果为"1"的事件的个数。将二项分布的两个结果用"0"和"1"来表示。

给定具体的 k、n、p 后,$B(k; n, p)$ 便是一个固定的事件。使用 B_k 来指代这一事件,则有公式 $P(B_k) = C_n^k \cdot p^k \cdot (1-p)^{n-k}$ 成立,其中 k 为不大于 n 的整数。

改变某一事件的结果为"1"的概率 p 和 n 次事件中结果为"1"的事件的个数 k,$P(B(k; n, p))$ 的值也会发生变化。图 3.1 揭示了这种变化。

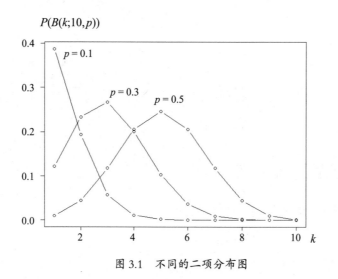

图 3.1 不同的二项分布图

图 3.1 将伯努利实验的次数固定为 10 次。当 p 为 0.1 时,k 为 1 的概率比较大,随着 k 的增加,$P(B(k; n, p))$ 逐渐减小。当 p 增大时,$P(B(k; n, p))$ 先随着 k 的增加而增加,达到极大值后,再随着 k 的增加而减小。此外,p 越接近 0.5,$P(B(k; n, p))$ 形成的曲线就越对称,曲线的最高点也越低。

将 $P(B(k; n, p))$ 取到最大值的项称为中心项,中心项对应的 k 称为最可能成功次数。由图3.1可知,当 p 为0.1、k 取1时,$P(B(k; n, p))$ 最大,1即为最可能成功次数。即 p 为0.1时,做10次伯努利实验,结果为"1"的实验次数最可能是1。

此外,当 n 越来越大时,最可能成功次数对应的 $P(B(k; n, p))$ 会越来越小,其值趋于 $(2\pi np(1-p))^{-\frac{1}{2}}$,显然,当 n 趋于无穷大时,该值会趋于0。

一种从二项分布推广而来的分布是几何分布。以购买彩票为例,这个实验仅有中奖和不中奖两种结果,仍旧假设中奖的概率是 p,若一个人每天都买彩票,一直买到中奖为止,那么他在第 k 天中奖的概率是多少?

要令这个人恰好在第 k 天第一次中奖,就需要在前 $k-1$ 天都不曾中奖,并且在第 k 天恰好中奖。这件事的概率就是 $(1-p)^{k-1} \cdot p$。通常用 $g(k, p)$ 来表示这个概率分布,其中 k 为实验首次成功的次数;p 为实验成功的概率。符合这个形式的概率分布就是几何分布。

几何分布是一种常见的概率分布,它还有一个二项分布和多项分布都不具备的特殊性质,即无记忆性。

仍以买彩票为例,若已知买彩票时,前5次不中奖后在第6次中奖的概率是0.05,前10次不中奖后在第11次中奖的概率是0.1,那么若某个人已经买了5次没中奖的彩票,他再买6次彩票,且在第6次买彩票时首次中奖的概率是多少?

答案是0.05。

换句话说,无论之前失败多少次,都不会影响后续的结果,之后的概率分布依旧服从几何分布。这个结论反过来也成立。将实验首次成功的时间记为 η,若已知 $\eta > k$,$\eta = k + 1$ 的概率与 k 无关,那么 η 服从几何分布。

当二项分布中的 n 和 k 较小时,计算二项分布的概率值是比较容易的;但是随着 n 和 k 的增长,计算也变得复杂起来。如果能将二项分布中的两个参数合并为一个参数,计算也会相对容易一些。

根据这个思路,数学家泊松找到了一个二项分布的近似分布。这个近似分布通常用 $p(k; \lambda)$ 来表示,其对应的概率分布计算公式为 $\frac{\lambda^k}{k!} \cdot e^{-\lambda}$,其中 k 为实验成功的次数;λ 为分布的参数。

回顾二项分布 $B(k; n, p)$,其中 n 为总的实验次数;p 为每次实验成功的概率,那么当 n 趋于无穷大时,$n \cdot p$ 趋于 λ,则 $B(k; n, p)$ 就趋于 $\frac{\lambda^k}{k!} \cdot e^{-\lambda}$。

图3.2画出了 n 为10、p 为0.3的二项分布与 λ 为3的泊松分布各自的概率散点图。图中圆形散点对应着二项分布,星形散点对应着泊松分布。此处 n 与 p 的乘积恰好等于 λ,二项分布与泊松分布的概率分布也十分相似。

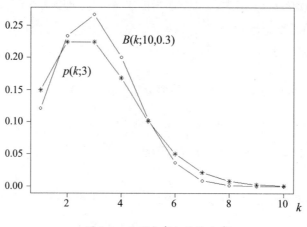

图 3.2 二项分布与泊松分布

泊松分布的其他性质也与二项分布十分相似。当 λ 固定时，$P(p(k;\lambda))$ 先随着 k 的增加而增加，达到极大值后，又随着 k 的增加而减小。此外，λ 越大，$P(p(k;\lambda))$ 形成的曲线就越对称，曲线的最高点也越低。但与二项分布不同的是，泊松分布的概率值仅与 λ 有关。

泊松分布的发现大大减少了二项分布的计算量，自然生活中有许多现象都服从泊松分布，这也提高了泊松分布的重要性。

> **提示** 服从泊松分布的随机现象主要集中在两个领域。一个是社会生活领域，例如，电话交换台的呼叫数、网站的访问数、车站候车的乘客数等都近似地服从泊松分布；另一个是物理学领域，例如，热电子的发射数、显微镜下落在某区域的微生物数、放射性物质放射出的质点数等都近似地服从泊松分布。

3.1.2 正态分布

正态分布是最重要的一种随机分布，与泊松分布类似，它也是从二项分布中推导得出的一种随机分布。回顾图 3.1，二项分布的参数 p 越接近 0.5，根据 $P(B(k;n,p))$ 绘制的概率图就越向中央集中，且越对称。

前文已经提到，泊松分布是二项分布的近似分布，当 $n \cdot p$ 的值趋于 λ，二项分布就趋于参数为 λ 的泊松分布。类似地，当 $n \cdot p$ 的值趋于无穷大时，二项分布就趋于正态分布。

图 3.3 所示是高尔顿板实验，将小球从顶部投入，小球需要穿过 10 行钉板才能到达底部。穿过每行钉板时，小球转向左侧和转向右侧的概率都是 1/2。小球最后落入底板的某一个格子中。

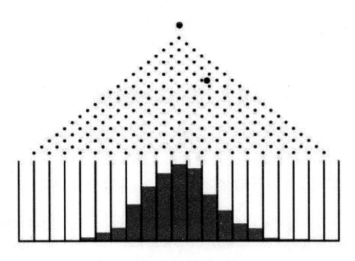

图 3.3 高尔顿板实验

高尔顿板实验可看作关于二项分布 $P(B(k; 10, 0.5))$ 的实验，投入大量小球后，最后结果总是如图 3.3 所示，形成一个格子越靠近中央，小球越多，且十分对称的形状。将它用曲线画出后，即可得到一条略粗糙的正态曲线。如果钉板有无数行，下方的底板有无数个，此时小球的可能结果也有无数个，结果就从离散分布变成了连续分布。若用无数个小球做实验，最后即可得到一条完美的正态分布。

正态分布的密度函数为 $f(x) = \dfrac{1}{\sqrt{2\pi}\sigma} e^{-\frac{(x-\mu)^2}{2\sigma^2}}$，其中 μ 与 σ 为正态分布的参数，正态分布也简记为 $N(\mu, \sigma^2)$，其对应的分布函数为 $F(x) = \dfrac{1}{\sqrt{2\pi}\sigma} \int_{-\infty}^{x} e^{-\frac{(x-\mu)^2}{2\sigma^2}} dx$。它的密度曲线和分布曲线绘出后如图 3.4 所示。

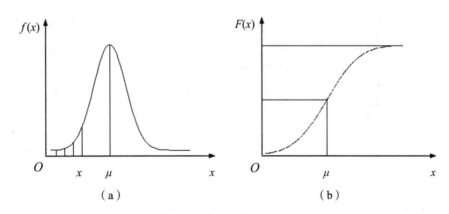

图 3.4 正态分布的密度曲线（a）和分布曲线（b）

由图 3.4 可以看出，正态分布的密度曲线是左右对称的，而它的分布曲线则沿中心点对称。

正态分布有两个参数，其中 μ 为正态分布的均值；σ 为正态分布的标准差。将 μ 为 0、σ 为 1 的正态分布称为标准正态分布。

观察图 3.4，可以发现标准正态分布恰好以纵轴为对称轴，在原点处取得最高值。实际上，正态分布总是以 $x=\mu$ 处的垂直线为对称轴，且在该处取得最高点。而标准正态分布的 μ 正好为 0。

由正态分布的密度函数可知，正态分布在 $x=\mu$ 处的最高点为 $\frac{1}{\sqrt{2\pi}\sigma}$。且正态分布在 $(-\infty,\mu]$ 上严格递增，在 $[\mu,+\infty)$ 上严格递减。当 x 趋于正负无穷时，$p(x)$ 趋于零。由于正态分布的对称轴总为 $x=\mu$，故当 μ 增加时，正态分布右移；当 μ 减少时，正态分布左移。

> **提示** 如果说均值决定了正态分布的位置，那么标准差就决定了正态分布的扁平程度。标准差用于度量数据的集中程度，数据越集中，标准差就越小，对应的正态分布就越"险峻"；数据越分散，标准差就越大，对应的正态分布就越"平坦"。

3.1.3 指数分布

指数分布也是一种连续分布，常用于各种"寿命"分布的近似。它的密度函数为

$$f(x)=\begin{cases}\lambda\cdot e^{-\lambda x} & x>0,\lambda>0\\ 0 & x\leq 0\end{cases}$$

指数分布依赖于参数 λ，简记为 $\mathrm{Exp}(\lambda)$，由它的密度函数，可推出它的分布函数为

$$F(x)=\begin{cases}1-e^{-\lambda x} & x\geq 0\\ 0 & x<0\end{cases}$$

指数分布经常应用于计算电子元件的寿命、某些动物的寿命、电话问题中的通话时间等，这些关于"寿命"的现象都服从指数分布。以电子元件为例，将一个电子元件使用至损坏的过程称为衰减过程，参数 λ 决定了衰减过程的快慢。

图 3.5 展示了 3 个参数 λ 不同的指数分布，当参数 λ 取 1.5 时，曲线下降的速度最快，电子元件的生存时间集中在两个小时以内。当参数 λ 取 0.5 时，曲线下降的速度最慢，电子元件的生存时间随着时间的增大而缓速下降。

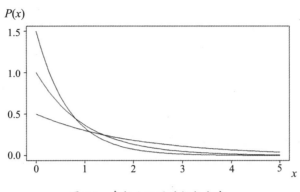

图 3.5 参数 λ 不同的指数分布

指数分布的期望是 λ 的倒数，λ 越大，电子元件的平均生存时间也就越小。当参数 λ 取 1.5 时，电子元件的生存时间小于两个小时的概率接近 0.8，小于 3 个小时的概率接近 1。当参数 λ 取 0.5 时，分布曲线的增加过程最缓慢，x 为 5 时，该曲线仍未逼近 1。

考虑到电子元件的生存时间存在取到无穷大的可能，因此指数分布的分布函数会随着 x 的增加无限逼近 1，而不会等于 1。

指数分布最重要的一个性质为无记忆性。假设某电子元件生存时间长于两个小时的概率是 0.2，若已知某电子元件已经生存了一个小时，那么它接下来的生存时间长于两个小时的概率仍为 0.2。即如果某电子元件在时刻 t 还"活着"，那么它接下来的存活概率与时刻 t 之前无关，剩余寿命的分布仍与原来的寿命分布相同。

> **提示** 指数分布的无记忆性与几何分布中的无记忆性是相同的。这表明一个新的笔记本电脑的剩余寿命与一个已经用了两年的笔记本电脑的剩余寿命相同。实际上，笔记本电脑的损坏通常是由一些偶然原因造成的，例如，过高的突发电流等。电子元件的自身损耗是十分微小的。

不过，电器厂商并不会将电器的功能参数填成无限大，这是由于电子元件总会累积一些损耗，一旦出现损耗，电器寿命服从的指数分布就发生了变化，突发事件的发生概率也就增大了。

泊松过程与指数分布有紧密的联系。泊松过程用 $N(t)$ 表示 t 时刻内事件发生的次数。不妨用 T_n 表示第 n 个事件发生的时间，X_n 表示第 n 个事件与第 $n-1$ 个事件发生的时间间隔，那么 X_n 就等于 T_n 与 T_n-1 之差。

如果 $N(t)$ 是强度为 λ 的泊松过程，则此时有 X_n 服从参数为 λ 的指数分布；且当 n 取值不同时，对应的 X_n 相互独立。这个结论反过来也成立，如果每次事件发生的时间间隔相互独立，且都服从参数为 λ 的指数分布，对应的 $N(t)$ 即为强度为 λ 的泊松过程。

这一结论的实际意义如下：假如某保险公司平均每年支付一笔赔付，在 6 月支付了一笔赔付，在 7 月又支付了一笔赔付，则支付下一笔赔付的时间间隔仍服从指数分布，不会因为今年支付的赔付数大于平均支付的赔付数而发生改变。

换言之，泊松过程在任何时刻都会"重新开始"，事件在任何相同长度的区间内发生的概率都是相等的。泊松过程的平稳增量性与指数分布的无记忆性是相互对应的。

相关分析与回归分析基础

本节介绍相关分析与回归分析基础，包括常用的几种相关系数、常见的线性回归问题和非线性回归问题等内容。本节应用性较强，可以解决许多实际问题。

3.2.1 连续型和离散型相关系数

在现实社会中，有时当一个变量的值改变时，另一个变量的值也随之改变。此时便称两个变量存在相关关系。

例如，商店的客流量增多，销售额也会增多；冬天气温上升，下雪的概率就会减少。若两个变量之间存在这种相互影响，就称这两个变量具有相关关系。以上都是相关关系的常见例子。

可用相关系数衡量两个变量的相关程度。

1. 连续型相关系数

最常用的相关系数是简单相关系数，其计算公式为 $r = \dfrac{\sum\limits_{i=1}^{n}(x_i - \bar{x})(y_i - \bar{y})}{\sqrt{\sum\limits_{i=1}^{n}(x_i - \bar{x})^2 \sum\limits_{i=1}^{n}(y_i - \bar{y})^2}}$。简单相关系数由皮尔逊提出，专门用于衡量两个数值型变量的相关程度。

简单相关系数的应用对象为连续的数值型变量，且要求样本数据相互独立，变量服从正态分布。在满足这些条件时，简单相关系数能快速判断两个变量之间的相关关系。当简单相关系数为正数时，说明两个变量之间存在正相关关系；当简单相关系数为负数时，说明两个变量之间存在负相关关系。

当简单相关系数的绝对值小于0.4时，说明两个变量之间的相关关系非常微弱；当简单相关系数的绝对值大于0.4且小于0.6时，说明两个变量之间具有中度相关关系；当简单相关系数的绝对值大于0.6且小于0.8时，说明两个变量之间具有强相关关系；当简单相关系数的绝对值大于0.8且小于1时，说明两个变量之间的相关关系非常强。简单相关系数的绝对值不大于1。

> **提示** 在相关分析中,不仅要关注变量间的简单相关系数,而且也要关注变量间的偏相关系数。例如,花萼长度、花瓣长度和花瓣宽度这三者之间两两具有相关关系,花瓣长度同时会影响花萼长度和花瓣宽度。

可能花萼长度和花瓣宽度之间并不直接相关,但它们同时受到花瓣长度的影响,才出现了相关关系。为了研究花萼长度与花瓣宽度之间是否真的有相关关系,我们需要考察它们的偏相关系数。

偏相关系数的计算方法较为复杂,记 r_{xy} 为 x 变量与 y 变量的相关系数,则控制 z 变量的影响后,x 变量与 y 变量的偏相关系数即为 $r_{xy(z)} = \dfrac{r_{xy} - r_{xy}r_{yz}}{\sqrt{1-r_{xz}^2}\sqrt{1-r_{yz}^2}}$。当控制两个变量的影响时,计算过程类似。

2. 离散型相关系数

除连续的数值型变量外,还可计算离散型变量的相关系数。能够衡量离散型变量的相关程度的统计量主要有斯皮尔曼相关系数和肯达尔相关系数。

(1)斯皮尔曼相关系数。斯皮尔曼相关系数的计算方式与简单相关系数截然不同。这是由于在离散型变量中,数值往往不能进行四则运算,也不能求均值等统计量。因此,在求解离散型变量的相关系数时,首先要做的就是<u>量化描述两个变量的相似程度</u>。

将变量按照大小进行排序,得到的顺序就是变量的秩。有了秩,即可量化两个变量的相似程度。容易想到,如果一个变量的取值较小时,另一个变量的取值也较小,那么这两个变量就应当具有相关关系。

表 3.1 按照顺序列出了离散型变量 X 和离散型变量 Y 的秩。

表3.1 两个离散型变量的秩

变量X的秩	1	2	3	4	5	6	7	8	9	10
变量Y的秩	3	4	1	2	9	5	10	6	7	8

变量 X 和变量 Y 的秩的中位数都是55,将55代入斯皮尔曼相关系数计算公式 $r = \dfrac{\sum_{i=1}^{n}(x_i - \bar{x})(y_i - \bar{y})}{\sqrt{\sum_{i=1}^{n}(x_i - \bar{x})^2 \sum_{i=1}^{n}(y_i - \bar{y})^2}}$,可求得变量 X 与变量 Y 的相关系数为 0.67,表明这两个变量具有较为明显的正相关关系。

斯皮尔曼相关系数不仅应用于两个离散型变量,对于连续型变量而言,也可离散化后求解斯皮尔曼相关系数。

(2)肯达尔相关系数。肯达尔相关系数是一个与斯皮尔曼相关系数十分相似的统计量。它考察的是两个变量的一致程度。假设变量 X 和变量 Y 中均有 N 个样本,并且一一对应,则共有 N 个样本对,每一个样本对中包含一个 X 值和一个 Y 值。

为这些样本对排好秩，假设 A、B 为两个不同的样本对，倘若 A 样本对中 X 的秩大于 B 样本对中 X 的秩，并且 A 样本对中 Y 的秩大于 B 样本对中 Y 的秩，就称 A、B 为一组一致的样本对。

类似地，倘若 A 样本对中 X 的秩小于 B 样本对中 X 的秩，并且 A 样本对中 Y 的秩小于 B 样本对中 Y 的秩，就称 A、B 为一组一致的样本对。

如果以上两种情况不成立，就称 A、B 为一组不一致的样本对。

记 C 为一致样本对的组数，D 为不一致样本对的组数，则肯达尔相关系数的计算公式即为 $\dfrac{C-D}{N(N-1)/2}$。

肯达尔相关系数与简单相关系数、斯皮尔曼相关系数的分析方法一致，也是一个绝对值小于 1 的统计量，且它的绝对值越大，对应的两个变量相关性越强。

3.2.2 一元回归和多元回归

与相关分析不同的是，回归分析往往要区分因变量和自变量。例如，在研究父子身高的相关系数时，我们仅关心这两者是否存在相关关系，这两个变量对我们而言是毫无区别的。但在回归分析中，我们还要关心是哪个变量引起了哪个变量的变化。

一元回归分析研究的就是一个因变量和一个自变量之间的关系。线性回归中最核心的问题就是寻找一个确定的回归直线方程用于衡量因变量和自变量之间的关系。

最简单的线性回归方程式可写为 $Y = a_0 + a_1 X$ 的形式，其中 Y 为因变量；X 为自变量；a_1 为对应的自变量的系数，特别地，a_0 为常数项。显然，自变量和因变量之间具有很强的相关关系，当自变量发生改变时，因变量会随之等比例的改变。

> **提示**　自变量的系数与自变量对因变量的影响大小有关，自变量对因变量的影响越大，回归方程中自变量的系数就越大。

在进行线性回归分析时，我们希望能找到一个确定的线性回归方程，这样，当自变量的数据已知时，就可以估计因变量的值了。这个回归方程应保证每个点都离它尽量近，即全体数据点与线性回归方程的距离之和尽量小，线性回归方程离数据点越近，线性回归方程的准确度就越高。在构建线性回归模型时，自变量和因变量的值都是已知的，求解线性回归方程也就相当于求解方程中自变量的系数值。

最小二乘法是应用最广泛的回归系数估计方法，它将因变量的真实值和估计值的差视为误差项，并用误差项的平方和作为统计量，其计算公式为 $S_a = \sum_{i=1}^{n}(y_i - a_0 - a_1 \cdot x_i)^2$，最小二乘法通过对 S_a 求偏导的方法分别求出 a_0 和 a_1 的值，使 S_a 达到最小。此时 a_0 和 a_1 就是常数项和自变量系数。

由一元线性回归推广,多元线性回归方程式可写为 $Y = a_0 + a_1X_1 + a_2X_2 + \cdots$ 的形式,其中 Y 为因变量;X_1 和 X_2 分别为第一个自变量和第二个自变量;a_1 和 a_2 分别为第一个自变量和第二个自变量的系数。

无论是几元线性回归,我们都希望全体数据点与线性回归方程的距离之和越小越好。仍旧用最小二乘法来计算,其误差项的计算公式为 $S_a = \sum_{i=1}^{n}\left(y_i - \sum_{j=0}^{p} x_{ij}a_j\right)^2$,类似地,最小二乘法通过对 S_a 求偏导的方法分别求出每个 a_j 的值,使 S_a 达到最小,此时 a_j 就是第 j 个自变量的系数。

在拟合回归方程时,我们既希望方程能完美地拟合出真实情况,又希望方程计算起来不要过于复杂。因此,我们总希望方程中包含最少的且最重要的自变量。如果方程遗漏了重要的自变量,那么自变量对因变量的刻画就不够充分;如果方程中有太多不必要的自变量,那么又会干扰我们的判断。

可以用复相关系数筛选自变量。

复相关系数度量的是一个变量和一组变量之间的相关程度,显然,它能够度量因变量与一组自变量之间的相关程度。修正复相关系数在复相关系数的计算公式上添加了一个修正系数,它的计算公式为 $\sqrt{\dfrac{(SST-SSE)/p}{SST/n-1}}$,其中 p 为自变量的个数;n 为观测值的个数;SST 和 SSE 分别为总的离差平方和及残差平方和。当修正复相关系数达到最大时,回归方程是最优的,这一条件与 $\dfrac{SSE}{n-p-1}$ 达到最小等价。这时得到的自变量组合就是最佳的自变量组合。

此外,对于离散程度非常高的数据,也能计算出回归方程,但它是没有意义的,因此,还不能直接应用回归方程的结果,必须对参数进行 t 检验。

3.2.3 广义线性回归

在 3.2.2 小节中,给出线性回归模型的通式为 $Y = a_0 + a_1X_1 + a_2X_2 + \cdots$。但自变量和因变量之间的依赖关系不只有线性关系,例如,当 Y 与 X 满足 $Y = e^x$ 关系时,Y 与 X 是相互依赖的,但它们并不满足线性关系,此时相关分析和回归分析对它们也不起作用。

可以用自变量的平方代替自变量,如此,便可构建二次模型。类似地,也能构建三次模型、四次模型。同一个回归方程中也能引入多个高次项。

$Y = a_0 + a_1X + a_2X^2 + a_3X^3 + \cdots + a_pX^p$ 是包含多个次项的线性回归方程的通式,其中仅含一个自变量 X,因此该通式又称为一元多项式回归模型,当多项式回归模型中的自变量多于一个时,模型中还可引入多个自变量的交叉乘积形式。

除多项式回归模型外,指数形式是另一类常见的广义线性模型。只涉及一个自变量的一元指数

函数的通式为 $Y = \exp(a_1X + a_2X^2 + \cdots)$，与多项式相似，指数函数同样可以拓展到多元的情况，并在指数部分引入交叉积。

此外，在多项式回归模型和指数模型中，尽管自变量和因变量并不呈线性关系，但自变量的系数和因变量仍满足线性关系，因此它们仍属于线性模型。还有一些函数属于非线性模型，例如，函数 $Y = \dfrac{a_1}{a_1 + a_2} \times \left[\exp(-a_3 X) + \exp(-a_4 X^2)\right]$ 中自变量的参数和因变量不呈线性关系，因此依据该函数构建的回归模型就是非线性模型。广义线性模型与非线性模型的另一重要区别是，广义线性模型能够转化为一般的线性模型，例如，对指数函数取对数等，而非线性模型则无法转化。

为了便于区分，也称 3.2.2 小节中最简单的回归模型为一般线性回归模型。它是比较多项式回归模型、指数回归模型及其他非线性回归模型优劣的基准。

> **提示** 通常，广义线性模型并不比一般线性模型具有更多的优势，由于一般的线性模型计算方便，且具有较好的普适性，因此我们仅在数据呈现非常明显的非线性分布时才考虑使用广义线性模型或非线性模型。

第 4 章
描述性统计分析

描述性统计分析是最基础的统计分析手段之一,主要用来衡量数据的集中趋势、离散趋势及对数据进行探索分析。描述性统计分析是其他中高级分析的基础,数据分析师通过描述性统计分析可以掌握数据结构,理解变量与变量之间的关系,从而进一步制定分析方案。同时描述性统计分析也可以解决许多基础问题,只要使用恰当,它可以给数据分析师带来出乎意料的惊喜。

本章主要涉及的知识点

- 描述性统计分析基础
- 频数分布分析:用统计图解决伦敦霍乱
- 关注数据代表性:统计学家改良轰炸机
- 异常值分析:1 号店提升营销精准率
- 对比分析:折线图指导购房者寻找合算房价
- 描述性统计分析概述:泰坦尼克号生还数据

描述性统计分析基础

正如学习英语要从 A、B、C、D 开始一样，学习数据分析也要从数据的收集和预处理开始。在第 2 章中已经学习了有关描述性统计分析的许多知识，本章列举了 5 个相关案例，帮助读者进一步理解这些工具的用法。

数据分析项目中，数据的收集和预处理往往占据整个项目工作量的百分之八九十。正是这些简单的工作决定了整个项目的成败，只有首先进行探索性数据分析，才能准确理解分析结果的意义。这就是为什么需要探索性数据的原因。

从广泛意义上讲，探索性数据分析主要包括数据的预处理和数据的探索性分析。其中数据的预处理是指对数据进行清洗、转化、重组和筛选，而数据的探索性分析则包括基本的五数总括、数据分布等，简单的相关分析和方差分析等也都属于数据的探索性分析的范畴。

对于一小部分较为常见的问题，例如，预测市政府的财政收入、预测未来某一时间的天气数据等问题，都可以从相关的公开网站下载相关数据包。对于大部分商家根据自身情况提出的特定问题，则需要专门设计收集数据的方法。

在真实生活中，收集的数据往往是不能直接用来进行高级数据分析的。这是因为原始数据中会包含许多残缺值和错误值，数据预处理还要承担起挑选有价值的数据变量的任务。

简单的探索性数据分析主要用于研究数据的分布结构。研究一个数据变量的极大值、极小值、中位数，数据呈正态分布还是偏态分布等是十分重要的。例如，回归分析就要求分析变量具有正态分布的特征。探索性数据分析可以使数据分析师直观掌握数据的各项特征，这一点将帮助数据分析师在后续分析中选择更合适的数据分析技术。

频数分布分析：用统计图解决伦敦霍乱

频数分布分析是描述性统计分析最基础的手段之一，是整理原始数据的最基本方法之一。通过频数分布分析，可以初步判断数据的集中趋势和分布特征，伦敦霍乱的例子便是对频数分布分析的良好运用之一。

4.2.1 可怕的英国霍乱

霍乱是一种非常可怕的流行病。它像黑死病一样通过商人、水手等人在全世界范围内传播。患者呈现高烧症状，五六天便被夺去生命。历史上的霍乱大流行在英国本土发生过 4 次，共计十几万人丧失生命。19世纪初期的英国正处在工业革命阶段，无数农民从乡下涌入伦敦，寻找就业机会。这些农民拥挤在贫民区堆在一起的棚屋里，十几平方米的屋子要住五六个人；庭院、街巷和地下室，到处都是恶臭的垃圾和散发着恶臭的劳动者。

在当时，瘴气学说一直是流行的学说，人们相信霍乱的流行和黑死病一样，是由于空气传播导致的。那么恶臭的空气理所当然地被认为是霍乱传播的原因。第一次霍乱带走了两万人的生命。一位聪明的官员为了防止霍乱再次发生，采取了有力的措施。他组织人们清扫城中的垃圾，疏通排水管道，把垃圾和排泄物统统倒入河中，一时间，伦敦城显得干净极了。但是这个举动根本无济于事。

1832年时约翰·斯诺医生就对霍乱肆虐的原因非常关心，他一直尝试解决这个困扰了全大英帝国精英阶级的难题。在当时，除瘴气学说外还有一种声音认为，并不是"受了污染"的空气导致流行病传染，而是有某种病毒或细菌被大范围传播，它们可能存在于水中或某种动物体内。约翰·斯诺医生支持第二种说法，并认为细菌存在于水中，但可惜的是，他的想法并不被当局接受。

> **提示** 1846年，伦敦第二次霍乱开始了。这一次霍乱带走了约7万人的生命。约翰·斯诺医生对人类做出了不朽的贡献，他的研究直接结束了伦敦第二次霍乱并指导了其他更多的医学专家对霍乱的探索。这项成就使约翰·斯诺医生被世人敬仰。

4.2.2 约翰·斯诺医生的实地调查

在17世纪，统计学还没有广泛应用于医学和防疫学界，约翰·斯诺医生一开始也没有意识到自己应用了统计学的知识，只是凭借医生的直觉进行实际调查。

首先，约翰·斯诺医生到当局取得了霍乱病人死亡记录。

根据观察表4.1，可以发现表中对比了使用两家不同供水公司所提供的水的家庭的死亡记录，从这3组数字中，很容易可以看出使用Southwark&Vauxhall公司所提供的水的家庭的死亡记录数要远远多于使用Lambeth公司所提供的水的家庭，因此Southwark&Vauxhall公司提供的水很可能是有问题的。但是光有这些还不够，约翰·斯诺医生必须找到更确凿的证据，才可以使当局相信，确实是水源而不是其他什么物质中含有病菌。

表4.1 霍乱病人死亡记录

调查范围	供水公司		
	Southwark&Vauxhall	Lambeth	其他
第一轮	伦敦南部两个小区，共发生44例死亡	38	4	2
第二轮	伦敦南部其他两个小区，共发生334例死亡	286	14	34
第三轮	调查扩大到其他地区，共发生1361例死亡	1263	98	—

约翰·斯诺医生开始了更细致的调查，他决定从疫情最严重的伦敦宽街着手，把伦敦宽街附近每一个患病家庭的死亡情况记录了下来，并标在了地图上。

> **提示** 调查显示，在伦敦宽街取水点所取出的水流经的地区，均有死于霍乱的人。离取水点越近，死亡家庭越密集，死亡人数越多，甚至有一个家庭死亡者达到了18人。

约翰·斯诺医生再次扩大了调查范围，他把地图画得更大了。

图 4.1 所示就是著名的"霍乱地图"，这张地图包含了更多的取水点及死亡记录。代表霍乱致死者的小黑点在伦敦宽街的取水点附近十分密集，在其他地方则变得稀疏，而且离伦敦宽街越远，小黑点就越稀疏，即死亡率与离伦敦宽街的距离成正比。约翰·斯诺医生使用这张地图说服了当局，传说当局把伦敦宽街水井的手柄移走后，第二天就没有人因霍乱死亡了。

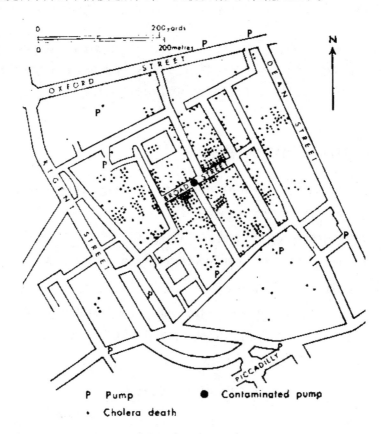

图 4.1 霍乱地图

不管传说是真是假，总之，伦敦霍乱就这样被约翰·斯诺医生平息了。值得一提的是，科学家当时在水中并没有找到任何病菌，这也是伦敦当局对约翰·斯诺医生的推断十分怀疑的原因。约翰·斯诺医生仅凭统计推断打败了支持"空气污染说"的精英，说服了伦敦当局移走伦敦宽街水井的手柄，终结了第二次伦敦霍乱。

> **提示** 水中致命的霍乱弧菌在30年后才被人发现,这一发现正式证明了约翰·斯诺医生研究结论的正确性。霍乱弧菌的发现依赖于高精度仪器的出现,而约翰·斯诺医生对霍乱的研究则完全是基于古老的推断和假设,这反映了数学的力量并不比现代高科技设备的力量弱。

4.2.3 对伦敦霍乱平息过程的分析

通过对约翰·斯诺医生平息霍乱事件的分析可以看到,约翰·斯诺医生在明确数据分析目标时便已经技高一筹。他把目标定为"检验水中是否含有病毒",事实证明,霍乱弧菌确实存在于水中。试想,如果约翰·斯诺医生的初始假设就错了,他怀疑的含有病毒的物质不是水而是空气,那么无论他数据分析能力多高明,画出来的霍乱地图多巧妙,他都没办法找出污染源,顺利解决霍乱事件。

但他能顺利做出正确的假设并不是偶然的,自1832年后,约翰·斯诺医生便通过各种渠道了解霍乱传播的原因,1846年的霍乱事件恰好为约翰·斯诺医生提供了验证假设的平台。

> **提示** 在明确分析目标时一定要谨慎,多了解业务信息、多和好的业务员交流有助于明确一个正确的目标。否则后续的收集数据、分析数据等步骤只能是南辕北辙,白费功夫。

约翰·斯诺医生的绝大多数精力都放在了收集数据和数据预处理上。由于约翰·斯诺医生的实地调查,这两步完成的质量较高,因此后续的分析是水到渠成的。这两步是交错完成的,约翰·斯诺医生收集一部分数据,处理一部分数据后,发现和自己的假设初步吻合,然后便收集更多的数据,如此循环往复。在此猜测他应当是白天收集数据,晚上完成预处理。

通过对数据的预处理,即可初步统计死亡家庭的分布,观察那些死亡地区偏离伦敦宽街的家庭,约翰·斯诺医生已经掌握了数据的特征。这些死亡家庭明显围绕在伦敦宽街附近,这无疑启示了约翰·斯诺医生使用地图的形式来表现数据。

> **提示** 这一点说明了数据预处理的重要性。数据预处理可以帮助我们了解数据,建立一种"数据手感"。通过初步判断数据结构,也能进一步启发我们对数据分析方法的选择。

通过上述两步,约翰·斯诺医生的"霍乱地图"已经呼之欲出。虽然当时科技水平不够发达,化学分析和显微镜观察都未能从水源中发现病毒,但是约翰·斯诺医生的研究已经足以让人信服,并进一步促使伦敦当局移走宽街水井的手柄。

值得注意的是,通过约翰·斯诺医生的研究,以及后人在水中发现霍乱弧菌两件事,可以证明宽街水源确实是受到了污染。在《论霍乱的传染方式》中,约翰·斯诺医生也明确提出霍乱的产生正是因为供水公司从被污染的泰晤士河下游取水的缘故,那么泰晤士河是怎样被污染的呢?还记得第一次伦敦霍乱后组织人们清扫街道的好心官员吗?正是这位"好心官员"将扫出来的垃圾倒入泰晤士河，才导致了泰晤士河被污染。

这位官员怀着一颗正直的心，动用了大量的人力物力，结果却导致了更为严重的第二次伦敦霍乱。这不得不引起我们的反思。在数据分析中也是这样的，想当然地妄下结论可能会引起极为严重的后果。拿数据弄虚作假，为结论而结论更是不行。试想如果约翰·斯诺医生为了迎合"空气污染说"而刻意忽略水井，把"霍乱地图"和空气挂钩，那么第二次伦敦霍乱带走的将不止7万人的生命。

> **提示**　作为数据分析师，最重要的就是用数据说话，绝不可以弄虚作假，更不可以想当然！数据分析是一门精妙的学问，它存在的目的就是阻止像这位"好心官员"一样的人想当然地好心办坏事。

4.2.4 频数分布分析小结

频数分布分析是观察数据的一个有力工具。在"伦敦霍乱"的例子中，频数分布分析为约翰·斯诺医生揭示了死亡病例的高度密集性，帮助约翰·斯诺医生归纳出病人分布与井水的相关性，这展示出频数分布分析的强大力量。在处理实际问题时，掌握数据的分布特征是极为重要的，数据是对称分布还是偏态分布？是否服从正态分布或泊松分布？这都是很重要的问题，例如，相关分析和回归分析都要求数据服从正态分布，而其他的分析方法则对数据分布有其他的要求。此外，频数分布也可以揭示数据的集中趋势与离散趋势，对集中趋势的把握有助于理解数据的含义，更合理地解释数据分析的结果。

做频数分布分析时，通常要先确定一个组距，如果组距过大，则数据层次不明显，频数分布分析没有太大意义；如果组距过小，则数据分布过于凌乱，不能得出普遍性的结论。确定组距时，应当综合问题背景，制定比较适宜的组距。

除理解频数分布分析的优势外，还应当明确其适用范围即特点。在"霍乱地图"中，约翰·斯诺医生把死亡病人的频数和距离伦敦宽街的英里数这两个变量巧妙地结合在一起，但在实际情况中，频数通常是以单个变量的形式表现的。频数分布通常可以采用折线图、直方图和饼图等直观表现数据的分布。

4.3　关注数据代表性：统计学家改良轰炸机

在分析数据时，往往会得出一些不符合期望的结论，例如，在本节要讲述的例子中，统计学家收集的数据就似乎在指引军火商加强对机身而不是驾驶室位置的保护。这一结论显然是不符合常理的，聪明的统计学家并没有急于相信数据，而是谨慎地考察了一番数据样本的代表性，从而得出了正确的结论，并给出了合理的解释。

4.3.1 "二战"盟国轰炸德国损伤惨重

这个故事发生在"二战"期间。1943年，美国和英国联手对德国本土的主要工业城市进行轰炸，双方约定，美国负责在白天攻击德国，英国则负责在晚上偷袭德国。英美盟军本来是一支实力强横的军队，但由于德国轰炸机的顽强抵抗，这一轰炸任务带来了极高的人员伤亡率与轰炸机损失率。

1943年年底，损失率便达到英美盟国不能承受的高度。为了提高轰炸机的返航率，轰炸司令部请来了一位统计学家。他们希望这位统计学家可以帮助轰炸机制造商改良轰炸机的结构，以达到提高士兵生还率，降低轰炸机损失率的目的。

这位统计学家做的事情很简单。他先在各个部队转了一圈，听取了一些飞行员的建议，然后要来了一些大尺寸的飞机模型，每当轰炸机返回基地后，他便详细记录下这些轰炸机的损伤情况。统计学家在飞机模型上把轰炸机受击的部位用黑笔标注出来。两个月后，这些飞机模型上已经有了许多标注。这些标注把飞机模型几乎淹没了，有些地方的标注明显多于其他地方，如侧翼、机身。但也有些地方的标注则明显少于其他地方，甚至几乎没有，如驾驶室、发动机所在的位置。

统计学家把这些模型拿给司令部长官和军火商看，自信满满地指出那些标注较少的地方就是急需加强防卫的地方。军火商疑惑地说："可是这些位置都没有被标记，它们看上去好像不太容易被击中。我们不是应该加强那些被击中次数比较多，比较容易受到攻击的位置吗？"

统计学家回答说："这不是因为飞机的这些位置不容易被击中，而是因为所有这些位置被击中的飞机都没能回来。"聪明的统计学家解释后，他提出的建议立刻获得了所有人的认可，军火商按照统计学家的建议改良了飞机，轰炸机的返航率果然大幅提高了。

> 对胜利的迫切渴望和轰炸机的高昂造价是促使统计学家必须完成这一任务的重要条件，但在这个故事中重要的是统计学家的另辟蹊径和军火商对统计学家提出的建议的检验。本节所要讨论的正是数据分析的寻找思路和结果检验问题。

4.3.2 轰炸机的返航率得到提高

统计学家的建议听上去固然很明智，但是身为数据分析师，还是要用数据说话，从数据中看一看统计学家的建议到底起到了多大的作用。下面以"二战"时最著名的B-17轰炸机为例，研究一下它的损失率。

表4.2给出了英美盟军对德国本土轰炸任务的一些记录。

表 4.2　B-17 轰炸机损伤记录

日期	总轰炸机数目/架	损失轰炸机数目/架	损失率/%
1943 年 8 月 17 日	230	60	26
1943 年 10 月 14 日	291	77	26
1944 年 1 月 11 日	270	60	22
1944 年 2 月 24 日	87	14	20
1944 年 2 月 25 日	176	33	18

在 1944 年年初，德军战斗机力量得到极大增长，同时，英美盟军也派出了几百架可以全程护航的战斗机保护轰炸机群，这使得 1944 年 2 月 20 日开始的"不间断轰炸周"中轰炸机的整体损失率仅有 7%。

> **提示**　在"二战"后期，战斗机的续航能力不断提高，英美盟军执行轰炸任务时总是派出战斗机为轰炸机护航，这极大影响了轰炸机的损失率。表 4.2 中末两条记录截取自"不间断轰炸周"，为了排除战斗机护航因素对损失率的影响，这两条记录中的轰炸机群没有或仅有很少战斗机护航。

在表 4.2 中给出的 5 条记录仅是全部轰炸任务记录中的冰山一角，但不难看出，损失轰炸机数目是逐步下降的。这和英美盟军在"二战"中取得最终胜利的轨迹也基本吻合。除这些记录外，《B-17 飞行堡垒》一书中也给出了许多关于 B-17 坚固程度的惊人例子。

一架名为"麻袋"的 B-17 轰炸机被炸开一个大洞，仍然安全返航。一架编号 124406 的飞机被击中尾翼，其电源线破碎，尾翼与发动机也歪了，但飞机还是成功返航。如图 4.2 所示。

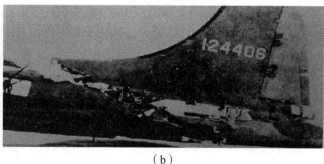

(a)　　　　　　　　　　　　　(b)

图 4.2　"麻袋"（a）与 124406 号飞机（b）

更惊人的是"全美国人"号轰炸机，该飞机被德军战斗机机翼切中，机身被割下一大块来，飞机尾部挂在飞机上摇摇欲坠，驾驶员不得不扔掉所有炸弹，以 70 英里的巨大半径画圆掉头，以免飞机尾部受过多的力，使困在尾部的机枪手掉下去。飞机飞回基地降落以后，机尾马上就断掉了，那个既不幸又幸运的机枪手也捡回了一条命。

维修师注意到，"全美国人"号能够坚持返回基地，除飞行员确实十分优秀外，还应当归功于飞机设计师在设计飞机时留下的冗余设计。B-17 确实加强了它的发动机部分，"全美国人"号借此挽救了机枪手，美国也节省了几亿美元，而这一切的开端，正是统计学家通过那个简陋的飞机模型所给出的建议。

和轰炸机损失率相关的因素数不胜数，除前文提到的战斗机护航因素外，德国军队的强弱、天气因素和其他战场的战况等也在影响轰炸机损失率。在这个真实的故事中很难量化评价统计学专家的作用，但统计学家解决问题的思路是独树一帜的。

4.3.3 对轰炸机改进过程的分析

这位统计学家采用了比"霍乱地图"更为直观的表达方式，但他最聪明的一点在于他没有像军火商那样被数据表象所迷惑，而是看透了战机损伤数据所反映的真实问题。在收集数据时，统计学家收集了轰炸机的每个位置的损伤记录，并且用描述性的手段简单罗列了下来。统计学家发现，机身、机翼损伤情况较多，驾驶室、发动机所在的位置损伤情况则较少。这一点和常识是明显相悖的，同样的一颗子弹，打到发动机给飞机带来的伤害绝对要比打到机身带来的伤害大。

是数据出错了吗？还是常识是错的？聪明的统计学家意识到造成这一结果的原因在于，收集数据的样本是片面的。因为只收集了成功返航的轰炸机的损伤记录，因此数据结构会有明显的倾向。深入思考一下，未返航的轰炸机的数据记录应当和收集到的数据记录正好相反。驾驶室和发动机所在的位置正是应当加强的部分。

统计学家所做的事情并不复杂，我们在实际工作中也会做一些类似的描述性统计分析，即将数据简单汇总，观察其最大值、最小值、均值和分布倾向，从中得到结果。这项工作看似很简单，但是如果相关背景掌握得不好，很容易犯想当然的错误。军火商如果没有统计学家的指导，就算面对着模型，也会做出大错特错的结论。

数据分析师在实际工作中，一定要仔细想一想所分析的数据的来源是片面的，还是全面的？能代表全体样本，还是仅能代表某个特定层级？当数据表现的特征和所期望的有出入时，一定要想一下是还有什么因素被忽略了吗？在这个故事中，统计学家正确地考虑到了数据的代表性问题，因此得到了好的结论。

在分析问题时，不但要考虑数据的代表性问题，还要考虑诸如数据的真实性和时效性等各个方面，将问题与实际情况更紧密地结合起来，才能得到正确的统计分析结果。

4.3.4 数据代表性小结

对数据代表性的要求可以进一步阐述为对数据客观性的要求，在收集数据时应当努力保证数据样本是真实客观的，即总体的各个层级都能均匀地取到样本。这好比取水样，不但要在大江大河中取水，小溪小流中的水也需要取一些，这样取来的水样才能兼顾到各个层面。

有时没办法做到这一点，例如，统计学家就不可能顶着枪林弹雨跑到德国去实地查看那些损失的轰炸机的损伤情况，也不可能委托其他士兵一边执行轰炸任务一边收集这些记录。不过数据是死的，人的智慧是活的，统计学家通过未损失战机的情况推断出损失战机的情况。同样地，分析数据时也可以通过一些样本数据的情况推断出另一些样本数据的情况。

但智者千虑，必有一失，即便在收集数据时已经尽可能地搜集了客观的数据。但在分析数据时往往会遇到一些看似违反常理的情况，轻信这些异常的结果很可能会酿成大错，武断地推翻全部结论也是不理智的行为，最好的办法是仔细地考虑每一个步骤，更充分地把数据结论和数据来源联系起来；想一想为什么会有这样异常的结果，只有经过缜密地判断，才能为不合常理的结论找到合理的解释，从而提供有价值的建议。

4.4 异常值分析：1号店提升营销精准率

异常值是数据样本的常规组成部分。距离平均数3倍标准差之外的数即可称为异常值。因此，异常值指的便是那些远离大部分数据的数据点。通常情况下，数据分析师会抛弃异常值，但有时异常值自有其存在的意义，例如，1号店的数据分析师便借助异常值展示了一次化腐朽为神奇的数据分析。

4.4.1 1号店的数据分析案例

1号店是国内知名网上购物超市，销售货物涵盖五大类，上万种商品，每天要接待几万客户，产生数十万元营业额，创造的数据量是十分惊人的。1号店的例子不像前面两个例子那样富于传奇性色彩，这个例子更贴近真实生活。数据分析师实际处理问题时，会遇到不少零售界的分析需求，1号店的例子和大多数零售商的情况相仿，可以称为B2C类数据分析的典型例子。

1号店创始人于刚十分擅长搭建供应链。从1号店成立以来，这个网上购物超市的最大卖点就是它的供应链，沃尔玛明确表示"看好其物流仓储系统"，因此"投资1号店6500万美元"。

不幸的是，与其强大的供应链相对比，1号店营销手段并不高明，甚至不如许多淘宝平台上的小店。早年的1号店营销手段比较单一，主要依靠人工电话和优惠券两种方式，前者费时费力，后者大幅提高成本，这两者都没能为1号店带来可观收入。更可悲的是，公司相关负责人甚至说不出来到底是人工电话和优惠券的成本高还是它们带来的效益高。

为了终结这种情况，1号店引用了一套全球顶尖的数据仓库，并请来顶尖级数据分析专家为1号店做了三期数据分析。马上要和大家分享的就是这三期数据分析中的第一期。

第一期数据分析的目标是提高1号店营销准确率。

数据分析专家的任务是通过分析往期客户数据，辨别出有价值的潜在客户，并为1号店设计切实可行的营销手段。数据分析师分析了1号店的客户数据、订单数据和地址数据，从这3个维度的数据中为1号店挖掘出12万个潜在新客户，当时全部有购买行为的客户数目为53万人，12万个客户与之对比无疑占据了相当大的份额。

这些专家还进一步指导了1号店的直邮系统，为1号店捕捉出有价值的潜在客户，大幅提高了1号店的直邮回应率，改善了其营销手段，并为1号店带来可观的盈利。数据分析师通过分析客户数据为1号店提出了整改建议，从这些建议的实施效果看，这些建议确实起到了它应有的效果。

在这一期数据分析中，这些专家使用了一些描述性统计分析，它们既不高深又不复杂，其中包含的统计知识可以说是一目了然，但这一期数据分析的成果是斐然的。值得学习的是，这些专家如何使用简单的统计知识解决复杂问题的思想。

4.4.2　1号店数据分析过程

数据分析师拿到客户数据后，首先做出了一个描述性统计分析，具体数据如表4.3所示。

表4.3　1号店客户数据统计表

	注册未购买客户	有购买行为客户	连续12个月有购买行为客户
客户数目/人	333万	53万	5万
总消费额/元	无	8亿	1.2亿
人均消费额/元	无	1509	2400

表4.3把1号店的客户分为注册未购买、有购买行为和连续12个月有购买行为3种客户类别，这3种类别的客户数目每一类别都比前一类别递减了一个数量级，可以说是损失巨大。对比人均消费额，这个增长就不那么明显了，连续12个月有购买行为客户的人均消费额是有购买行为客户的人均消费额的一倍。但前者的数目是后者的1/10。

为了提高营业额，有两种途径，第一种是转化客户，应该尽可能把未购买行为客户转化为有购买行为客户，把有购买行为客户转化为有连续购买行为客户。这两种转化中每成功转化一个人，就能带来1000元左右的营业额。第二种是提高人均消费额，人均消费额的提高无疑也会带来营业额的提高。

考虑到客户数目基数的巨大差异，以及当时1号店处于发展期，固定客户数还有提升空间，急需吸纳更多客户的情况，转化客户这一途径应该比较容易执行。也就是说，应该尽可能提高有购买行为客户和连续 12 个月有购买行为客户的数目，这一目标的优先程度应该大于提高人均消费额这一目标。只有这样才能得到尽可能多的利润。

> **提示**　就如何提高客户转化率这一问题来说，如果要把有购买行为客户转化为有连续购买行为客户，那么就应该观察有连续购买行为客户的特点，然后在有购买行为客户中搜索具有这些特点的客户，尝试把他们转化为有连续购买行为客户。

1 号店的数据分析师同样想通过研究客户的特点圈定有可能转化为常客的潜在客户。前文已经提到，1 号店提供的数据包括客户数据、订单数据和地址数据三大块数据。每一大块数据中还包含更详细的数据，例如，客户数据会包括客户 IP、客户浏览器类型和客户语言等，订单数据则会包括订单号、订单金额和订单时间等。

全部数据中有些是有用的，有些是没用的。数据分析师只有进一步考察这些数据，才能确定究竟哪些数据是有价值的。1 号店的数据分析师将数据分层后，首先观察了这些数据的异常值。绝大部分变量都是非常正常的，但是"收货地址"这一变量出现了引人注意的异常现象。

收货地址异常值如表 4.4 所示。

表 4.4　收货地址异常值

收货地址数 / 个	10~30	30~50	50~100	100~4000
客户数 / 人	331	129	53	33

正常情况下，每个人有 10 个收货地址就已经绰绰有余，完全够用了。难以想象什么人会有 4000 个收货地址。但是在 1 号店所提供的 53 万条有购买记录的客户中，出现了 546 个收货地址数多于 10 个的异常记录。表 4.4 列出了它们的详细分布。

1 号店提供的数据出错了吗？数据分析师询问了 1 号店业务部门，答案是否定的。既然这些数据是真实的，那么这些异常值一定有它存在的意义。数据分析师意识到了这一点，他们试图弄清楚这些异常值究竟是怎样来的，弄清楚这些异常值背后的含义也许会给数据分析项目带来突破性的进展。数据分析师和业务部门沟通了一下，询问他们是否知道什么人会有上千个收货地址。业务部门告诉他们，这个问题很诡异，不过最可能的答案就是那些"山寨版 1 号店"。

> **提示**　"山寨版 1 号店"指的是那些以 1 号店名义在淘宝平台上开张的诸多小店。他们提供比 1 号店略贵的商品，有人下单到这些店时，他们再下单到真正的 1 号店，从中赚取差价及快递费。

虽然山寨店也给 1 号店带来了利润，但是它们同样分走了 1 号店的隐形利益。首先，在这些店买东西的客户不会是 1 号店的长期客户，客户的利益受到损伤；其次，这些客户的维系全靠"山寨版 1 号店"的维系，一旦哪一天"山寨版 1 号店"关闭了，1 号店就会流失许多客户。因此针对"山寨版 1 号店"背后的客户做营销是非常有必要的。

数据分析师细心地观察了这些"山寨版1号店"的销售情况，发现它们热卖的都是母婴类产品，例如，婴儿奶粉、婴儿纸尿布和婴儿学步车等。这条信息指导数据分析师给出了最终的建议：在寄给这些特殊地址商品时，附上宣传单，宣传单应通过提供优惠、推荐母婴产品等步骤吸引客户到真正的1号店上注册购买。

这一建议实施以后，果然取得了良好的效果，成功为1号店带来数以万计的新客户。从利润上来说，这些客户具有长期的潜在价值，会给1号店创造财富。这个案例的着重点同样在于数据分析师对异常值的处理，达到了最初的分析目的，即提高营销准确率。

1号店通过营销手段的改善，吸纳了数万个有购买行为客户到1号店上购买。在客户的3个层级中，连续12个月有购买行为客户无疑是最有价值的客户，数据分析师给出的营销建议则着力于增多这一层级客户，因此可以说是非常有力的建议。

4.4.3 异常值分析小结

在建模时，异常值出现有可能是偶然情况、数据录入错误和由未考虑的因素造成等原因。异常值会使描述性统计中的均值、方差等出现很大误差，也会进一步影响数据分析的准确性。因此，数据分析师通常把异常值视为累赘，处理异常值时会考虑直接删除。但事物往往具有两面性，异常值有时也能为数据分析师带来福音。

在出现异常值时，直接删除是最鲁莽的一种做法。谨慎的数据分析师会结合具体情境认真考虑异常值出现的原因。例如，在1号店的案例中，数据分析师就从异常值着手，顺藤摸瓜地给出了针对"山寨版1号店"的营销建议。在本章第一个"霍乱地图"的例子中，约翰·斯诺医生也实际考虑了那些居所远离伦敦宽街的"异常病人"的存在原因，从而挖掘出他们和宽街水源之间千丝万缕的联系，为自己的结论提供了一个很好的佐证。这两个案例都提示我们处理异常值时决不可鲁莽草率。

但是这并不是说所有的异常值都是含有特殊意义的，例如，有时确实是偶然情况造成的异常值出现，还有时有的变量是经过伪装才交到数据分析师手上，数据分析师根本无法考察其意义，因此掌握一些对异常值常规的处理方法也是非常必要的。

删除法只能针对异常值较少的情况，当异常值较多或样本本身就较小时，删除异常值会使得包含该异常值的记录的其他信息一并被丢掉。因此有必要学习一些其他常规方法。当样本较小时，通常可以使用均值替代该异常值。当样本较大时，则将异常值视为缺失值，用样本建模以后的拟合数值替代异常值。值得注意的是，在使用删除法时，每删除一批异常值后，应当重新计算均值和标准差，查看均值和标准差变化后是否带来了新的异常值；如果有，则应当删除，重新计算均值和标准差，直到不再存在异常值为止。

对比分析：折线图指导购房者寻找合算房价

无论是频数分布分析，还是异常值分析，说到底都是围绕着一个样本做研究。在描述性统计分析中，同时分析比较两个样本的描述性统计量，往往会带来出其不意的效果。本节使用横向、纵向数据对比，帮助读者了解对比分析的效果和应用方法。

4.5.1 流行于购房网站的对比分析

房地产行业与钢铁行业、化工行业、建筑行业等诸多领域搭界，每个国家的房地产行业不仅带来了高额的税收，还提高了就业率。如今，房产成为一种硬通货，在中国，房产不仅有不可取代的使用价值，也有较高的升值空间。拥有一个属于自己的温馨小家，是许多人的梦想。

房屋类型形形色色，同一个楼盘的价格也是在不停地上下浮动，每个决定购买房产的人首先要大挑特挑一番，还要花费数个周末辗转于不同的售房处。为了一个合理的价格大打口水仗，高昂的价格和较差的流通性使顾客不得不这样做。

不过好在在线平台出现了。房天下、贝壳二手房和安居客等在线售房网站蓬勃发展。如今，网上看房已成了一个必不可少的步骤，其秘诀就在于对比分析。

对比分析是一种很常用的分析手段，一份看起来平淡无奇的数据，与其他数据对比以后，也许会有新的发现。例如，单看某个月份的数据，得不出什么有力的结论，只有和其他数据对比以后，才能概览全局。

两份数据针对某个变量做对比时应当保证两份数据的背景基本类似。例如，豆瓣网和人人网的用户活跃度是非常近似的，因此对比它们的广告收入是有意义的，如果夏天时调查顾客对 A 类雪糕的需要程度，冬天时调查顾客对 B 类雪糕的需要程度，那么这两份数据显然不适合放在一起比较。

作为一个新兴行业，在线售房平台最大的亮点并不在于颠覆了整个房地产行业的销售模式，而在于通过打造透明的价格体系，赢得了消费者的信任和喜爱。售房网站提供一系列历史数据，消费者通过对比房产价格趋势，以及不同地区房产价格等一系列数据，即可快速确定一处房产的价格究竟是多少才合算。

4.5.2 数据对比展示房价波动

消费者在网站上看房需要经过 3 个步骤。首先，选择地区和价格区间，网站将给出符合条件的楼盘的价格和其他信息；其次，用户经过筛选，寻找到心仪的楼盘后，可联系服务人员实地看房；最后，经磋商，双方可完成交易。

> **提示** 在这3个步骤中，对网站而言，最重要的步骤无疑是第一步，售房网站需要在第一步说服用户相信网站提供的价格是相当不错的，只有这样，用户才会进行后续的操作。

在第一步中，售房网站会提供该楼盘的详细波动数据、该地区的整体波动数据和该楼盘的同期对比数据，有时还会罗列其他费用等。翔实的数据使消费者感到真实可信，促使消费者进行后续操作。

图4.3所示是一张关于北京龙山新新小镇的房价图。

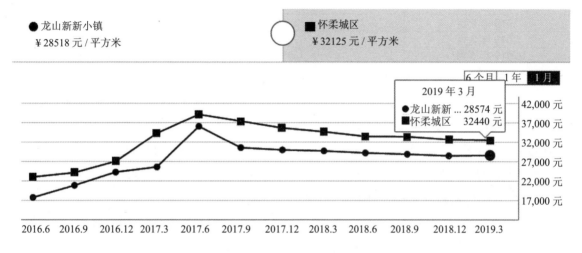

图 4.3　北京龙山新新小镇房价对比图

为了吸引顾客，售房网站为顾客所展示的房价数据如图4.3所示。图4.3主要分为两部分，上方给出龙山新新小镇和怀柔城区的实时每平方米单价，其中龙山新新小镇的每平方米单价为28518元，怀柔城区的每平方米单价为32125元。这显然是个横向数据对比，顾客能清楚地看到局部和整体之间的比较。

图4.3的下方绘制了一张折线图，其中包括两条房均价的趋势折线，一条是龙山新新小镇的，另一条是怀柔城区的。图中分别使用了两种数据对比，顾客既可纵向对比一段时期内房价是如何变化的，又可横向对比同一时间龙山新新小镇和怀柔城区的数据差异。

由折线图可以看出，龙山新新小镇的房价变化趋势与怀柔城区基本一致，从2016年下半年开始，有一个缓慢地上升，到2017年下半年后停止上升，变为平缓的波动。对比龙山新新小镇和怀柔城区的数据，龙山新新小镇的房价总是比怀柔城区的低一些。

值得注意的是，在2017年3月，这个差距猛然拉开，又在2017年6月缩小到最低水平。不难理解，这是客户在3月时发现龙山新新小镇的价格低于市场价，大量买入后对市场造成的影响。这同时侧面反映趋势图和对比数据是如何起作用的。

横向对比是大众较为熟悉的对比方式，纵向对比其实也可以单独起到作用。表4.5所示是一张关于北京商品房成交均价和波动幅度的表格。

表 4.5　北京商品房成交均价及波动幅度

	成交均价/（元/平方米）	波动幅度
2018 年 7 月	58071	—
2018 年 8 月	57735	−0.57%
2018 年 9 月	57113	−1.07%
2018 年 10 月	55094	−3.53%
2018 年 11 月	54695	−0.72%
2018 年 12 月	54847	0.27%
2019 年 1 月	54094	−1.37%
2019 年 2 月	52762	−2.46%
2019 年 3 月	52762	0%
2019 年 4 月	52952	0.36%

如表 4.5 所示，表中展示了 2018 年下半年至 2019 年 4 月的北京商品房成交均价。成交均价和波动幅度这两个变量其实反映的是同一个信息，其中波动幅度是在成交均价上衍生出的一个变量。

观察表 4.5，可以发现这 10 个月来北京的房产呈现小幅度的持续下降，波动幅度不超过 4%。在 2019 年 3 月下降趋势停止，并在 4 月出现微弱回升。考虑到 2018 年 12 月也有一个微弱回升，2019 年 4 月的数据波动并不能说明房地产市场开始大幅回暖。总的来说，北京房地产行业处于一段低潮期。对有购房刚需的顾客，现在是较好的入手时间。

如果读者对房地产行业的变化有较大的兴趣，也可对比同时期其他城市的房价波动、同时期北京地价的波动等数据，以得出其他有效结论。仅对促进顾客购买意愿而言，纵观图 4.3 售房网站的数据选取和展示，可以发现售房网站并未选择过于复杂的数据，只使用了楼盘价格和所属城区价格这两个通俗易懂的变量，在展示上则使用折线图强调数据的波动。

4.5.3　对比分析小结

对比分析是一种常见的探索性数据分析方法。对比分析通常局限于数值型数据，它将两个以上的相似数据拿来进行比较和分析。在对比分析中，最重要的是选择合适的对比标准，对于进行对比分析的一组数据来说，除拿来对比的指标外的其他指标应尽量保持一致，这样的对比才具有意义。

对比分析有横向对比与纵向对比之分，横向对比是指同一时期不同对象的比较，如豆瓣网和人人网的广告收入比较；纵向对比是指同一对象不同时期的比较，如豆瓣网今年和去年两个年份的广告收入比较。在做横向对比分析时，描述性统计分析是有力的工具；在做纵向对比分析时，要考虑年份对数据的影响，以及一定范围内数据的波动影响。在纵向对比分析中，时间序列法同样也是一个有力工具。

人类天生善于在对比中进行学习，仅观察一个单独的个体往往不能客观了解其全貌，而和其他个体的对比则能补充重要信息。小学生考试得了 50 分，妈妈很生气，但是听说全班同学都没及格，妈妈就不生气了。这就是一个对比分析的例子。所以说对比分析虽然很简单，但它隐藏着数据分析师的智慧，数据分析师使用对比分析使自己及他人看到一些隐含在数据表象下的内容。

> **提示** 对比分析同样可以用于研究字符型数据,在语言学中有一个专门的分支就叫对比分析。这门学科认为不同种的语言之间存在差异,这种差异导致人们学习语言时犯错,而对比分析就用于研究这些差异在哪里存在,以及它们是怎样影响人们的思维的。

将对比分析进行拓展后就得到了方差分析,方差分析通过对比不同组之间的均值,确定这些组是否来自一个整体。方差分析是一项非常有用的统计方法,通常用于医学领域和公共事务领域。我们应明白对比分析在揭示数据内部规律、帮助读者理解数据意义等方面的潜在价值,并在平日的数据分析报告中善加利用。

4.6 描述性统计分析概述:泰坦尼克号生还数据

无论是频数分布分析、异常值分析还是对比分析,都是为了服务于具体问题。在实际问题中,往往会同时运用多种方法进行描述性统计分析。本章通过分析泰坦尼克号生还乘客的数据,综合使用了多种分析方法,是一个较好的综合性实例。

4.6.1 泰坦尼克号沉船始末

得益于电影事业的发展,使《泰坦尼克号》中唯美的爱情,以及20世纪的奥林匹克级邮轮被众人所熟知。在真实历史上,这艘邮轮在处女航中与冰山相撞而沉没。

1912年4月10日,泰坦尼克号从英国南安普敦港驶向美国纽约。4月14日晚,由于找不到望远镜,观测员不得不凭肉眼观察四周海面,23时40分,观测员发现了一座冰山。但距离过近,37秒后,碰撞无可避免地发生了。

在确认沉船无可避免后,船长立即发出求救信号,并组织乘客登救生艇逃难。船员预测两个小时后,泰坦尼克号便会完全沉没,此时距离最近的邮轮相距4个小时路程,来不及救援。船上有两千余人,但救生艇只能搭乘1178人。情况比电影更加危急。

据幸存者口述,在逃难中船员遵从了妇孺先行的美德,左舷放出的救生艇只载妇女儿童,右舷放出的救生艇在妇女优先逃生后允许男性登艇。事发后3天,各报刊纷纷报道这一大新闻,"船上全部妇孺均已入救生艇""船上所有乘客均已获救""一等舱乘客被全体救出"不一而足。

由于现场情况混乱,除少数幸存者外,仅寻回300余具罹难者遗体,有许多乘客被认定为失踪,这使得邮轮上乘客与死难者数据始终存疑。目前大众普遍接受这一说法:在灾难发生时,泰坦尼克号共搭载2224人,其中710人生还,1514人不幸罹难。

4.6.2 探索生还者相关信息

在这起不幸的海难事故中，全体乘客仅有约 1/3 的人获救，根据媒体报道，妇女儿童是优先被救援的类型，因此可以推出这样一条信息：幸存者并不是随机分布在全体乘客中的，而是有明显的倾向。

船上所有乘客的信息都被记录在案，包括性别、舱位、年龄、票号和票的类型等多个变量。其中舱位分为三等，一等舱的乘客非富即贵，当时世界最富有的几位名人也在；二等舱与普通邮轮的一等舱相差无几，乘客多为英国的上流人；三等舱的乘客多为计划在大西洋对岸营造新生活的移民。票的类型则分为两种，一种是有座位的票，另一种是无座位的票。3 个舱位都售卖这两种票。

不妨逐个探索一番这些变量是否影响存活比例。

首先看一下性别与舱位的影响。图 4.4 所示是一张关于舱位、性别和存活比例的堆积条形图。

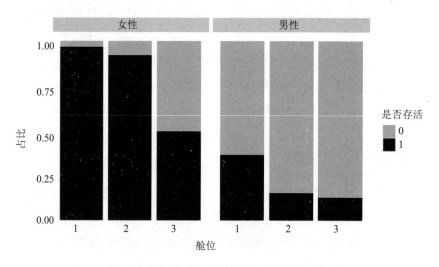

图 4.4 舱位、性别与存活占比图

由图 4.4 可知，无论是男性还是女性，一等舱的存活概率都高于二等舱，二等舱的存活概率又高于三等舱，而即便是三等舱的女性存活概率也高于一等舱的男性。这表明船员在安排救援时，确实秉持了优先救援女性的原则，其次是一等舱的男性乘客。

> **提示** 另一个有趣的事实是对于女性，一等舱或二等舱的存活概率十分相似；而对于男性，二等舱的存活概率明显低于一等舱，仅与三等舱持平。

在救援时，除优先救援女性外，也应优先救援儿童。图 4.5 所示是一张各个舱位中关于性别、年龄的存活散点图。

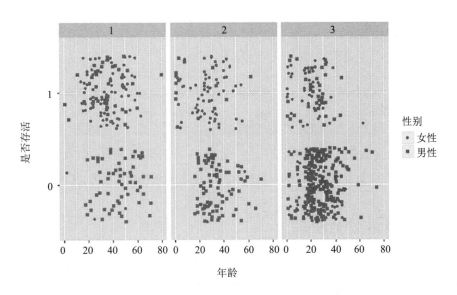

图 4.5 舱位、性别、年龄与存活散点图

散点图画出了更多的信息。在一等舱中，未获救的女性仅有 3 名，其中包括 1 名女婴。除这名女婴外，还有 3 名年龄不足 20 岁的少年遇难，绝大多数妇孺被救起。在二等舱中，未获救的女性有 5 名，年龄全都大于 20 岁，数目众多的婴儿全被救起。在三等舱中，乘客数据较多，但也能清楚地看到低年龄的乘客获救比例明显高于成年人。

总的来说，性别、年龄和舱位与获救可能性息息相关。另一个相关性较强的变量是船票的座位类型。图 4.6 绘制了各个舱位中有无座位与能否存活的堆积条形图。

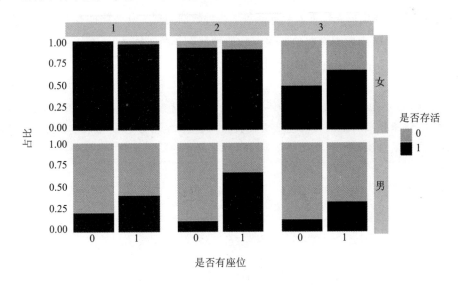

图 4.6 舱位、有无座位与存活占比图

考虑到在一等舱和二等舱中，遇难的女性个数极少，是否有座位并不影响她们的存活概率。但

在三等舱中，可以看到购买有座票的女性中约 70% 的人获救，而购买无座票的女性仅有 50% 的人获救。

> **提示** 在男性中，这个倾向同样十分明显。无论哪个船舱，购买有座票的男乘客存活率均明显高于无座票乘客。

由此便可得出最终结论：存活率最高的是一等舱、二等舱的女乘客，其次是购买有座票的三等舱女乘客、无座票的三等舱女乘客。有座男乘客的存活率低于三等舱女乘客，无座男乘客存活率最低。

4.6.3 描述性统计分析小结

泰坦尼克号生还数据的分析过程具有一定的代表性，其中运用了多种描述性统计分析方法。这个案例在全部乘客数据中随机选取了约 900 条数据，来源和代表性都是合格的。在具体探索中，使用了条形图、散点图 3 张图形，绘制出多个变量对存活概率的影响。

在进行探索前，前文已给出关于这场事故的背景介绍，读者在未接触数据时，便可形成这样的假设：妇女儿童和一等舱乘客的存活概率高于其他人，条形图和散点图也印证了这一说法。这正是描述性统计分析的一个重要作用，即使用数据印证假设。

此外，前文还探索了船票类型与存活概率的关系，发现购买有座票的男乘客和三等舱女乘客的存活概率高于购买无座票的同类乘客。这是在原有假设的基础上进一步探索，从而得到更多的有用结论。

值得注意的是，泰坦尼克号乘客数据涵盖了多种数据类型，分类数据有性别、存活结果和船票类型（是否有座），顺序数据有船舱等级，数值数据有年龄。图 4.4～图 4.6 使用了堆积图，即对比了不同类别的数据，也展示出数据的整体趋势。

> **提示** 描述性统计只是数据分析的第一步，在得出上述结论后，便可使用决策树、回归模型等多种方法来预测其他乘客的存活情况。使用描述性统计分析掌握原始数据中的有效信息，并运用它们解决实际问题，这才是描述性统计分析的最终目的。

第 5 章
相关分析与回归分析

相关分析与回归分析是用途最广泛、技术最成熟的两类分析,相关分析属于基础统计分析,分析变量的相关性可以加深对数据的了解;回归分析则是对相关分析的定量描述。通常相关分析是回归分析的前提,回归分析是相关分析的延伸,二者相辅相成,一脉相承。二者合起来可以处理分类问题和预测问题,获得回归公式,结合因子分析得到更精确的结果等。

本章主要涉及的知识点

- 相关分析与回归分析概述
- 矩阵分解:价值百万美元的 Netflix 推荐系统
- 一元线性回归:引发金融危机的风险价值模型
- 评分系统:星巴克选址借力大数据
- 相关与回归概述:航空乘客数量预测

5.1 相关分析与回归分析概述

相关分析用于定性地研究两个变量之间的相关关系。例如，给出中国34个省级行政区的人口和经济发达程度，用人口做横轴，经济发达程度做纵轴，在这样一张图上标出34个散点。这些点会围绕一条斜向右上方的线波动分布，即这些点大致呈带状。也就是说，人口越多，经济发达程度越高，这二者之间存在一个相关关系。

相关关系由相关系数度量，相关系数为正，两个变量呈正相关，即一个增多，另一个也增多；相关系数为负，两个变量呈负相关，即一个增多，另一个则减少。相关系数的绝对值越接近1，两个变量的相关性越强；相关系数的绝对值越接近0，两个变量的相关性越弱。

相关系数使用标准差和期望计算，因此只能计算数值型数据的相关系数。

回归分析用于定量地研究多个变量之间的关系。例如，在画出34个散点的"人口-经济发达程度"图上，找出一条直线，使得这条线离这34个点的距离加起来最小，也就是离这34个点绝对近。这样可以写出截距和斜率的这条直线就是反映了人口和经济发达程度之间关系的一条回归线。即相关关系可以显示两个变量是否相关，回归关系则可以显示两个变量究竟有多相关。

相关分析与回归分析的联系在于相关分析较为简单，做回归分析之前需要先做相关分析，以此来判断两变量之间是否有相关关系，是否有必要做回归分析；二者都要求数据服从正态分布，如果数据不服从正态分布，则需要对数据进行转换变形，使其尽量符合正态分布。

相关分析与回归分析的区别如下。

（1）相关分析只能针对两个变量，回归分析则可以同时分析多个变量。

（2）相关分析可以分析二值数据、由文本数据转化成的数据等；回归分析则仅在数值型数据中表现优异。

（3）相关分析中的两个变量地位是平等的，它只考虑二者是不是同时发生变动；回归分析则认为变量之间同时发生变动的原因在于一个的变化引发了另一个的变化。

> **提示**　理解回归分析中因变量和自变量之间的从属关系并不难。例如，身高增长，体重会跟着增长。如果反过来说体重增长导致身高增长肯定是不合理的。回归分析就是要找到究竟是哪个变量的变动导致了另一个变量的变动。

（4）相关分析可以用于为数据分类，它根据某种特点把表现类似的数据归为一类。推荐系统中的矩阵分解法就用到了相关系数。回归分析则多用于预测，无论是一元回归分析还是多元回归分析，都可以用于预测。

矩阵分解：价值百万美元的 Netflix 推荐系统

矩阵分解是最近几年非常流行的算法之一，它在推荐和分类上都有极好的表现。矩阵分解的中心思想在于把一个大矩阵分解成几个小矩阵，大矩阵通常是两类变量一一对应的集合，小矩阵则分别反映出变量与变量之间的相关性，通过相关性可以进一步得到分类结果，进而做出推荐行为。矩阵分解有 3~4 种比较成熟的方法，这里以 Netflix 推荐系统使用的奇异值分解为例，详细介绍它的用途。

5.2.1 Netflix 为推荐系统悬赏百万美元

Netflix 网站是一家提供影碟租赁与在线付费电影观看的公司，顾客在网站上寻找自己喜爱的影片，付费给网站后，在线观看或由 Netflix 网站把影碟寄给顾客，顾客欣赏完影片后再将影碟寄回公司，并为影碟打分。这一模式为 Netflix 带来了巨额财富与数目庞大的顾客，同时也对 Netflix 的推荐系统提出了更高的要求。

首先，由于顾客通常会选择租赁网站推荐的影碟，所以如果网站不能正确地推荐出顾客感兴趣的电影，顾客便会花许多冤枉钱去观看一些他们不那么喜欢的电影，这无疑会造成顾客的流失，反之如果网站能推荐出顾客喜欢的电影，自然可以大幅提高营业额；其次，如果推荐算法可以挖掘出更多的冷门电影，顾客就会租赁更多的冷门电影，而对于租赁网站来说，冷门电影的成本要远小于热门电影，这样就可以为 Netflix 节省开支，提高盈利。

基于以上两方面的考虑，Netflix 公司宣布了一个百万美元大奖，向全世界范围悬赏寻找最新最好的推荐引擎算法，为顾客和电影分类，并把特定的顾客类别和特定的电影类别联系起来，以便于为新顾客推荐更合适的电影。经过近 3 年的较量，这一大奖最终落入一个由工程师、统计学家和研究专家等组成的 7 个人团队手中，他们为 Netflix 推荐系统提高了 10% 的准确度。

 这个团队所使用的算法是矩阵分解中的一种：奇异值分解。这种方法的核心在于寻找电影与评分之间的相关性，例如，某类顾客普遍对某类电影打分较高，那么知道了某个特定顾客的类别后，便可以为他推荐该类顾客普遍比较喜欢的电影。

Netflix 公司为奇异值分解算法支付了高昂的一百万美元。这个算法迅速被许多推荐系统采用，如邮件推荐系统、电商推荐系统和社交网站好友推荐系统等。世界上的推荐系统有千千万万个，Netflix 推荐系统无疑是顶级推荐系统中的一个。下面就详细地看看这个推荐系统是如何工作的。

5.2.2 构建一个推荐系统

构建一个推荐系统的第一步便是要收集数据,以 Netflix 推荐系统为例,需要收集的数据自然就是每个用户对每个电影的评分。这一步并不难,Netflix 公司从建站开始便注意收集了这方面的数据。

工程师使用了那些为超过 50 部电影打了分的观众作为样本,首先将他们的评分数据整理成矩阵形式,例如,考察 5 万个用户对 3 万部电影的评分,则构建一个 5 万 ×3 万的矩阵,该矩阵应类似于图 5.1 中的矩阵 A,其中每一行表示一个用户对这 3 万部电影的评分结果,每一列则表示某一电影得到的全部评分。

当然不可能有人能够看完这 3 万部电影,故这个矩阵中会出现许许多多的缺失值,这些缺失值统一用 0 代替(说句题外话,矩阵中有太多的 0 会导致矩阵十分稀疏,也叫作高维灾难。也就是说,高维矩阵中包含的信息特别少,这一点可能会带来计算上的困难,第 7 章中的支持向量机可以解决这个问题)。

得到这个矩阵后,便可运用奇异值分解的方法将该矩阵分解成 3 个较小的矩阵,整体过程如图 5.1 所示。

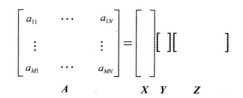

图 5.1 奇异值分解矩阵

在图 5.1 中,矩阵 A 是原始矩阵,第一行第一列的元素是第一个用户对第一个电影的评分,第一行第 N 列的元素是第一个用户对第 N 个电影的评分,第 M 行第一列的元素则是第 M 个用户对第一部电影的评分,以此类推,矩阵 A 就记录了全部 5 万 ×3 万条评分。

奇异值分解将矩阵 A 分解成 3 个较小的矩阵:X、Y、Z。将矩阵 X 考虑成一个 5 万 ×100 的竖条型矩阵,即把 5 万个用户分成了 100 类,每一列就是一类用户,每一行则是某个用户分别与这 100 类用户的相关性,数值越大则越相关。将矩阵 Z 考虑成一个 100×3 万的狭长型矩阵,即把 3 万个电影分成了 100 类,每一行就是一类电影,每一列则是某个电影分别与这 100 类电影的相关性。矩阵 Y 则是一个 100×100 的矩阵,Y 中每一个元素都反映了某一类电影与某一类人的相关性。

通过奇异值分解,就完成了构建推荐系统中最重要的一个步骤:为用户和电影分类,并把他们匹配起来。矩阵 X 反映了单个用户与用户类别的关系,某用户与某用户类别的相关性越大,则某用户属于某用户类别的可能性越高,因此便得到了某单个用户的所属用户类别。同理,矩阵 Z 给出了某单个电影的所属电影类别。

图 5.2 展示了分类后的用户或电影，黑灰程度不同的点代表不同类别的用户或电影。仅为用户和电影分类是不够的，只知道某客户和哪些客户的观影口味相似还不行，还需要知道这些客户都喜欢什么电影，也就是说，要把用户类别和电影类别联系起来，矩阵 Y 便完成了这一步骤，它提供了用户类别和电影类别的相关性，相关性越大则该类用户对该类电影越感兴趣。例如，假设第 A 类客户对第 B 类电影的相关性是 0.9，那么第 A 类客户就对第 B 类电影非常感兴趣，可以为 A 类客户群推荐 B 类电影。

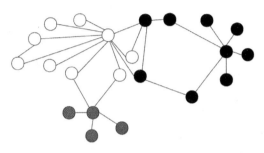

图 5.2　分类后的用户或电影

奇异值分解不但可以告诉 Netflix 公司某个用户和哪些用户的观影口味相似，还可以告诉 Netflix 公司这些用户都喜欢什么类的电影，进而可以从该类电影中为该客户挑选电影加以推荐。这就一举解决了推荐系统中最关键的难题。

> **提示**　直接从原始矩阵 A 中计算所需要的相关度也是可以的，但是奇异值分解将原始矩阵分成了 3 个较小的矩阵，在为某用户计算特定的推荐电影时，使用分解后的矩阵进行计算速度要远远快于直接使用原始矩阵。这也是奇异值分解的一个重要优势。

有了奇异值分解的结果后，推荐系统剩下要做的事情就是计算相关性，选择推荐电影了。当有新用户出现时，Netflix 公司将会把该用户的评分记录输入算法，算法自动判断该用户是属于哪个用户类别，并给出该类别的用户喜爱的电影清单，Netflix 公司从中选择最受喜爱的电影推荐给该用户，更复杂一点的推荐系统还可以考虑这些电影的新旧程度、电影的成本等，对电影的推荐顺序加以调整，但是推荐算法最核心的部分就是奇异值分解。

5.2.3　矩阵分解小结

矩阵分解有很多种，除奇异值分解外，常见的分解方法还有三角分解、QR 分解、若尔当分解和满秩分解等。这些分解方法的核心都是为了寻找变量与变量之间的相关性，然后根据相关性为变量进行分类。

对于小样本数据来说，相关分析更多的是在为回归分析等高级分析方法做准备，但对于像

Netflix用户影评记录这样的大样本数据来说，简单的相关分析则具有十分重要的意义，它易于实现，同时还具有相当不错的效果。尽管矩阵分解使用的计算相关系数的方法与相关分析中并不太一致，但是相关系数的作用都是一致的，都反映了这两个变量的关联程度。

矩阵分解可以解决各种各样的算法问题，除推荐算法外，矩阵分解同样可以用于文本分类问题，如考虑哪些文章通常含有哪些单词，进而将不同种类的文章分开；人脸图像识别问题，如何将人脸从图片中识别出来，确定五官的位置等。总之，矩阵分解可以用于解决许多无监督聚类问题，而解决这类问题的核心就是使用矩阵分解找到变量与变量间的相关度，进而为变量进行分类或匹配。

矩阵分解具有计算速度快、计算结果较为准确和可以处理缺失值较多的数据等优点。同时它也有使用的限制和缺陷。

首先，它只能处理数值型数据，因此处理一些原始数据不是数值型的问题时，就不得不将数据进行转换。例如，处理文本分类时，不能直接拿一个一个的单词放到矩阵中，通常需要转为词频进行计算。

其次，它只能处理两类变量，矩阵只有两个维度，因此矩阵分解只能处理两类变量，这个特点使矩阵分解的适用面较为狭窄。

最后，矩阵分解实际上考虑的因素比较少，适合做一些简单的分类，对于要求精准的分类问题则无能为力。

在数据量非常大时，矩阵分解的准确度还是不错的，而且矩阵分解计算速度快，因此矩阵分解可以用于处理一些实时推荐的问题。电商网站、社交网站和电影推荐网站等都需要实时推荐系统，这正是矩阵分解算法的价值所在。

5.3 一元线性回归：引发金融危机的风险价值模型

在金融领域，风险是指预期收益的不确定性，无论是买卖股票、期权，还是投资证券、房地产，只要有商业活动，就有评估风险的必要，在金融机构更是这样。风险价值模型就是专门用来度量投资风险的工具，它是一种典型的线性回归模型，它有引人注目的优势，也有难以回避的劣势。本节将介绍风险价值模型的具体应用及线性回归的应用。

5.3.1 广受欢迎的风险价值模型

高风险伴随高收益，低风险伴随低收益，这是一个颠扑不破的真理。每个人都追求最大的利润，但是在追逐利润的同时，也必须考虑到亏损的可能有多大，以及是否能承担起相应的亏损。

风险是金融领域最热门的一个话题。在每一个金融行为展开前，投资家都需要尽可能准确地预估风险和收益的关系，在低风险和高收益间取得一个平衡点。随着经济的发展，金融市场的理财产品越来越丰富，老一代的评估风险的方法已经不能满足投资家的需要，风险价值模型应运而生。

风险价值模型集合了线性回归和时间序列分析的精华，可以将各类金融产品往期的表现代入一个严密的等式，精确计算它们接下来一定时间内可能的最大损失值。例如，已知某产品A以往半年内的收益，则可计算得到在99%的置信区间下，该产品在接下来的一周内最大损失不会超过某个数目。

基于结果的易于解读，即便不是数学家也可以很容易地理解风险价值模型给出的信息。同时风险价值模型能够计算多种产品组合后的风险，因此风险价值模型一直是华尔街最受欢迎的一个模型。在大大小小的银行、证券交易所和金融监管所等各类金融机构中，高层经理们每天早上一踏进办公室，办公桌上一定会摆着一份当天的风险价值报告。报告上会详细列出在固定的概率下，公司所涉及的各类金融产品在当天的预估风险和收益，这些风险和收益将指导金融界的精英们决定买入或卖出哪些产品。

这套模型一直运行良好，在风险价值模型的指导下，每个人都根据自己所能承受的最大风险选择最佳的投资方案，获取最高收益。但是在2008年金融危机爆发时，风险价值模型却没有给出任何预警，证券经理们阅览完当天的报告，并且对形势感到极为乐观时，股市突然就崩盘了。

这是由于风险价值模型仅能衡量市场风险，即在证券市场中因股市价格、利率和汇率等的变动而导致价值未预料到的潜在损失的风险。它并不能预料信用风险，也不能预测信用风险和市场风险叠加后的影响。同时它只能给出一定概率下的预估风险，即便风险价值模型断言99%的情况下某只股票亏损的金额不会高于1万美元，这只股票仍有1%的可能会亏损超过1万美元。

> **提示** 风险价值模型主要使用了回归分析，尽管风险价值模型有这样那样的问题，但瑕不掩瑜，这一模型无疑是线性回归的一个代表模型，从这一模型中可以学习到线性回归的精髓。

5.3.2 评估一个理财产品的风险

要想理解风险价值模型是怎样计算的，首先要知道什么是风险。

如图5.3所示，回报率通常呈正态分布，在我国由于政策干涉市场，回报率不是完全正态分布，但也可以近似看成正态分布。钟形曲线越隆起的地方，对应的回报率发生的概率就越大。在图5.3左右两侧，回报率极小或极大的地方都比较扁平，也就是说，赔很多或挣很多都是不太可能发生的。根据计算，真实回报率落在平均回报率左右一个标准差的范围的概率是68%，就是图5.3中代表正、负标准差的两条线所围起的范围。

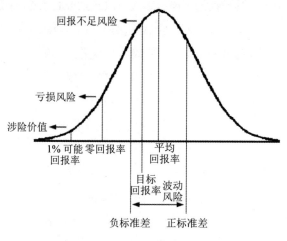

图 5.3　回报率正态分布图

> **提示**　在投资商投资之前，首先会设定一个目标回报率，真实回报率大于目标回报率的可能往往大于 50%，也就是说，目标回报率是一个比较有希望达到的成绩。

零回报率处的回报值正好与投资值持平，真实回报率落在零回报率左边时，投资商便亏损，反之便盈利。从图 5.3 中可以看到，零回报率右边的区域远大于左边的，也就是说，亏损的可能远小于盈利的可能。尽管如此，但是投资商有时仍然会亏损。这时投资商感兴趣的就是可能的最大亏损值，也就是最左边的涉险价值指标。这个指标左边的区域是非常小，仅占总区域的 1%，也就是说，在 99% 的情况下，回报率都不会低于涉险价值指标。

图 5.3 仅显示了单个工作日内投资与回报的理论关系，投资家往往对一定时间内投资与回报的关系更感兴趣。当投资商知道了涉险价值后，便可以依据自身的承受能力考虑是否要投入这一笔资金。

如图 5.4 所示，该产品在 2018 年的收益呈平缓波动，并且波动域逐年上升，尽管在 2019 年 3 月有个下落，但紧跟着，在 2019 年 4 月，万元收益数据再度上升。根据前期的数据走向规律，数据分析师可以预测 2019 年 5 月、6 月的数据走向。

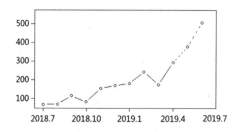

图 5.4　某产品 2018 年至 2019 年万元收益

在历史数据中，任何一天的可能收益都服从如图 5.3 所示的正态分布，将这些正态分布上的平均值点逐一标注，则得到代表预测值的线条。可以看到，预测值与历史数据的趋势基本吻合。

> 提示　由于季节的影响，理财产品的收益往往以年为周期波动，同时往期数据不应该过少，至少要为预测时间段的 3 倍以上，否则将影响预测结果的准确性。

除预测值外，置信范围也是一个十分重要的指标。受各种偶然因素的影响，真实值往往不会和预测值恰好相等，预测一个真实值可能落入的范围是十分有必要的。

前文已经分析了投资与回报在单个工作日和一定时间段内的关系，但仍未涉及具体的平均回报率应如何计算。风险价值模型通常采用方差-协方差法根据往期数据计算得到未来一定时间内的数据。如图 5.5 所示，根据散落的数据点拟合出一条回归线，将回归线继续延伸，线上的点就是所要求的预测值。

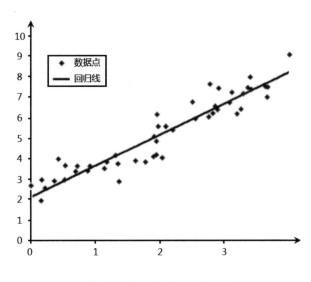

图 5.5　线性回归预测回报率

5.3.3　一元线性回归小结

风险价值模型是一种较为简单且较为通用的线性回归模型，它主要涉及一元线性回归，仅使用日期这一个变量便可以计算出回报率。线性回归是回归分析理论中最完善的一种方法，几千字的篇幅很难详细阐述线性回归的原理和应用。

风险价值模型代表了一大类线性回归模型。通过风险价值模型可理解正态分布的意义和线性回归的过程。风险价值模型可以具体到更现实的商业案例，也可以抽象为更广泛意义上的一元线性回归。

线性回归最大的优点是可以计算出精确的结果，给出一个日期，代入方程即可得到一个精确的回报率。但线性回归同样有其使用的前提，即样本数据要满足正态分布，自变量和因变量间存在显著的线性关系。

> **提示**　使用线性回归也应该明确线性回归结果的含义。风险价值模型之所以能够引发金融危机，最大的原因就是人们过分相信了风险价值模型的结果，没有考虑到风险价值模型的局限性。因此理解线性回归结果的含义同样是一门非常重要的功课。

5.4　评分系统：星巴克选址借力大数据

评分系统是一个综合考虑多种因素后，为某项目标打分的系统。从大学生中选拔优秀者奖励奖学金，就需要根据各科成绩和平时表现制定一个评分系统。从不同的商业方案中选择最佳的一个，也需要制定评分系统。评分系统主要用到了多元线性回归的思想，本节就以星巴克选址为代表解读评分系统是如何工作的。

5.4.1　越来越难以选择的快餐店地址

星巴克是美国著名的连锁咖啡公司，它以大学生和城市白领为主要服务对象，宣传"体验文化"，倡导一种高格调的消费观。星巴克自 1999 年正式登陆中国大陆以来，如今已拥有超过 600 家门店，扩张速度可谓一日千里。但星巴克同样也有自己的烦恼，如今选择一个好的店址已经越来越困难了。

近年来，越来越多的快餐品牌步入了中国市场，快餐店之间的竞争压力越来越大；房地产的扑朔迷离也使得置办店面的成本越来越高。不仅是星巴克，肯德基、麦当劳和必胜客等快餐店对地址的选择也日益严苛起来，选对了位置可以日进斗金；一旦选址出现失误，快餐店将面对数以百万计的高昂损失。

为了避免决策错误而浪费金钱，这些连锁企业可谓屡出奇招。从计数每个商业区的写字楼、地铁站，到委派业务员到各个主干道路实际掐表计算客流量，如今星巴克已和 Atlas 商务智能平台联手，使用包含车流量、安全信息、智能手机数量和消费人群构成等数十种数据，据此建立模型，最终决定要不要在某商业区开一家咖啡店。

这些招数起到了应有的作用。在数据模型的指导下，星巴克可以将门店建在顾客密集的地区，并且提前便可知道该门店的最佳面积大小，以及最佳人手配置。从而避免出现投入资金、人力过多，造成浪费，或者投入资金、人力过少，未能充分吸纳顾客的情况发生。数据模型保证星巴克可以得到最大的收益。

> **提示**　星巴克同样也使用商务智能平台指导咖啡的销售。例如，在使用智能手机的人群较密集的地区，星巴克会加强手机应用优惠的推广；在炎热地区，星巴克通过预测热浪来袭的时间，巧妙地配合促销冷饮；在高消费地区，星巴克则考虑销售咖啡的同时销售红酒。

商务智能平台除可以评估一个商区的潜在价值外，还可以指导星巴克更好地销售咖啡。这些根据不同地区的消费者特性制定的不同销售策略，无疑会为星巴克带来更多的额外利润。

5.4.2　多元线性回归与评分系统

对于财大气粗的星巴克来说，它很少考虑建店的用料、劳力等，开一家新店最重要的事情就是选择一个好的位置，而选择好的位置最重要的事情就是考察商圈的成熟和稳定。

图5.6所示是一张重庆市江北区观音桥商业圈的建筑分布图，图中标出了2个学校、3个酒店、7个写字楼等，这些都是人口稠密的建筑。同时图中未说明的是，观音桥是两路地铁的经过站，34路公交的经过站。

图 5.6　重庆观音桥商业圈

学校、酒店、写字楼等都能为星巴克带来可观的人流量，地铁和公交也同样左右着商圈的繁华。但是光看这些指标是不够的，星巴克选址时需要更确切的人流量。

观音桥必然是个很繁华的地方，但不可能每一个地方都有很多的人流量，其中必然有较繁华的地段和较不繁华的地段。为了争取在最好的地方开店，星巴克需要派一个业务员去观音桥步行街的各个路口数一数实际的客流量。业务员需要采集每分钟内有多少行人，其中的年轻白领、学生各有多少，甚至还包括潜在女客户有多少、潜在男客户又有多少。业务员要统计步行的人和骑自行车的人，开车的人则不应当计数，如果街道宽度超过一定距离，街对面的客人不能过来消费，那么就应当仅数一侧的人数。

> **提示** 除客流量外，星巴克还要考虑竞争对手。在一条很繁华的街道上，顾客主要从东流向西，那么在一家定位与星巴克相同的咖啡店西边再开店，客流量势必受影响，如果该街道的两侧人流量相仿，则不必考虑这一点。

采集完上述数据后，现在就可以写出代表评分系统的计算式了。

$$Y = a_0 + a_1X_1 + a_2X_2 + a_3X_3 + \cdots + a_nX_n$$

式中，Y 为对某门店地址的评分，它由等式右边的 n 个 X 计算得到；a_0 为一个常数，其余 n 个 a 则是 n 个 X 的系数。例如，X_1 代表学校个数，X_2 代表写字楼个数，X_3 代表医院个数等，由于这些建筑带来的人流量不同，因此这些建筑在评分时的重要程度也不同。医院带来的人流量必定少于写字楼，代表医院的 X_3 的系数自然小于代表写字楼的 X_2 的系数。男性顾客总是独来独往，女性顾客则三两成群，因此代表男性顾客的变量系数应当稍小于代表女性顾客的变量系数。同样地，竞争对手过多会降低盈利能力，因此代表竞争对手的变量系数应当为负。

不妨假设观音桥商业圈内有两个地址可供选择，一个地址 A 的步行范围内有 1 个学校、4 个饭店、3 个超市、4 个写字楼、2 个银行、1 个地铁口和 14 路公交车，潜在女客户流量为 34 人/分钟，潜在男客户流量为 22 人/分钟，附近有一个竞争门店。另一个地址 B 的步行范围内有 2 个学校、2 个饭店、5 个超市、3 个写字楼、1 个银行、1 个地铁口和 11 路公交车，潜在女客户流量为 25 人/分钟，潜在男客户流量为 14 人/分钟，附近有一个竞争门店。并且假设评分公式的系数已知，那么根据评分公式可有：

$Y_A = 0.4 + 0.3 \times 1 + 0.6 \times 4 + 1 \times 3 + 1.2 \times 4 + 0.5 \times 2 + 2 \times 1 + 1 \times 14 + 0.4 \times 34 + 0.3 \times 22 - 2 \times 1$

$Y_B = 0.4 + 0.3 \times 2 + 0.6 \times 2 + 1 \times 5 + 1.2 \times 3 + 0.5 \times 1 + 2 \times 1 + 1 \times 11 + 0.4 \times 25 + 0.3 \times 14 - 2 \times 1$

根据评分公式，可以计算得到地址 A 的分数为 46.1，地址 B 的分数为 36.5，显而易见，地址 A 要优于地址 B。

5.4.3 评分系统小结

星巴克选址的评分系统涉及各类建筑个数、人流量和公交站个数等多个自变量，某地址得分这一个因变量，自变量和因变量之间存在线性关系。不仅是星巴克、肯德基等快餐店选址使用的评分系统，工商业评选最优的产品、广告业评选最优的广告方案和交通业评选最优的路线等都需要用到评分系统。

评分系统可以把影响不同方案的优劣的诸多因素综合起来，形成一个统一的价值指标。这样做的好处在于统一的价值指标可以客观地衡量不同方案的好坏，从而避免了经验主义。对于星巴克选址来说，有的主管可能觉得写字楼更重要，有的主管则觉得地铁站更重要，评分系统可以给出统一的度量标准,避免了不同主管由于看法不同而导致的选址不同。评分系统使得数据驱动决策得以实现。

仍以星巴克选址为例来说明,在星巴克选址的评分系统中,提前就假设好了评分公式的系数。这些系数的合理与否直接影响评分公式的正确与否,因此这些系数当然不可以想用哪个数就用哪个数。这些系数应当从其他已营业的星巴克门店数据中总结得到。选取上百个已开业的门店,获得它们附近的各类建筑个数、人流量和公交车站个数等数据,并取得这些门店的营业额指标(使用营业额代表门店的得分)。将前者作为自变量,后者作为因变量,使用线性回归方程进行拟合,得到评分公式的系数。因此,对于新门店位置获取自变量数据后,即可代入评分公式得到新门店的得分。

从评分系数的获取路径来说,星巴克选址的过程归根结底是一种预测行为。通过某只股票往期的表现预测未来的表现,通过某产品在其他地区的销售成绩预测其在新地区的销售成绩,这些都属于预测行为。各行各业中普遍存在对预测的需要,线性回归便经常用于预测。

> **提示** 与一元线性回归类似,多元线性回归同样要求自变量服从正态分布,用于拟合方程的数据不能过少;并且对于多元线性回归的结果一定要准确理解其含义,不能滥用。

5.5 相关与回归概述:航空乘客数量预测

除常见的线性回归、非线性回归模型外,时间序列也是一类特殊的回归模型。航空乘客数量是一个与时间息息相关的变量。通过阅读本节,读者可以了解到时间序列分析的工作原理,并看到它是如何在航空乘客数量预测这一问题上工作的。

5.5.1 随季节波动的航空乘客数量

时间序列模型是一类广泛应用于金融领域和自然社会科学领域的模型,描述了在时间维度上连续发生的事情。预知未来是一种极具商业价值的行为,如果我们能在彩票中奖号码还未揭晓前就预知中奖号码,那么我们都会成为百万富翁,而彩票公司就会破产。时间序列模型所要做的就是使用过去和现在的数据预测未来的数据,在这个意义上,时间序列预测也是回归预测的一种。与线性回归不同,时间序列中往往暗含一些周期规律,分解时间序列能从时间序列中剥离出这些规律。如果想要预测时间序列在未来的取值,那么时间序列的规律性越明显就越好预测。例如,对于温度来说,每年的夏天都比冬天气温更高，因此有理由认为明年夏天的气温还会高于明年冬天。

图 5.7 绘制了一幅关于航空乘客数量随时间的变化而变化的曲线图，以及分解后的趋势图。

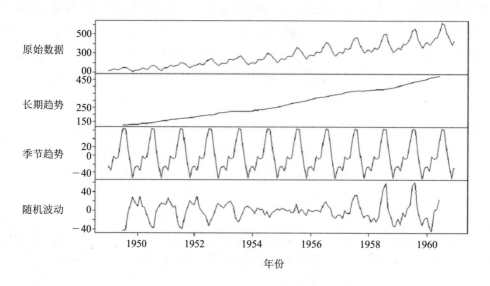

图 5.7　航空乘客数量原始数据及趋势图

图 5.7 由 4 个曲线图组成，其中第 1 幅图是根据原始数据画出的时间序列曲线图，可以看出，乘客数量有一个明显的周期波动，且具有明显向上的趋势；第 2 幅图绘出了乘客数量的长期趋势，这是一条向上倾斜的曲线，根据这幅图中的值可拟合出一条回归直线；第 3 幅图绘出的是乘客数量的季节趋势，它显然以年为周期，每个周期内都有一个高峰和两个次高峰，呈现出非常明显的季节规律；第 4 幅图绘出的是乘客数量的随机波动，在 1954—1956 年间随机波动较小，其他年份的随机波动则较大。

> **提示**　由于随机波动主要落于 -40 ~ 50，该范围明显小于长期趋势和季节趋势的分布范围，因此乘客数量具有相当明显的规律，依据其长期趋势和季节趋势，即可较为合理地预测未来值。

通常可认为一个时间序列由长期趋势因素（T）、季节波动因素（S）、周期波动因素（C）和随机波动因素（I）4 种因素组成。将长期趋势、季节波动、周期波动和随机波动叠加起来，即可得到最终的时间序列模型。

上述这 4 种因素的叠加模型有加法模型、乘法模型和混合模型，其中加法模型认为 4 种因素的和即为真实结果，图 5.7 使用的就是加法模型；乘法模型认为 4 种因素的积即为真实结果；混合模型认为长期趋势、季节波动、周期波动的积加上随机波动得到的结果为真实结果。

5.5.2 探究时间序列的相关性和回归模型

分解时间序列一方面展示了时间序列中的长期趋势、季节波动和随机波动,反映出时间序列的规律;另一方面也为时间序列的预测做出了准备。除绘制分解后的时间序列图外,也可探索时间序列的自相关性,以分析时间序列中的规律。

前文已经提到,相关分析是一种探索一个变量的波动是否会影响另一个变量的波动的分析方法,无论是皮尔逊相关系数,还是简单相关系数,都需要两个自变量,以计算相关系数值。

而时间序列数据是一个一维的数据,并不适用于上述相关分析方法。不妨引入时间维度,对时间序列进行拆分,探索它的自相关性。

月度图使用了 12 个月份的月数据用以绘图。观察图 5.8 中的月度图,可以发现它由 12 条折线构成,每条折线都反映了某一年内的乘客数量,这 12 条折线的位置逐年增高,反映出乘客数量中一个上升的长期趋势,而折线中的相同波动则反映了时间序列随月份变化而具有的波动规律。

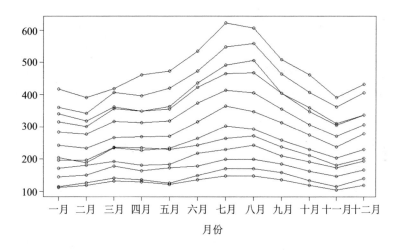

图 5.8　航空乘客数量月度图

纵向对比每一列的数据,随着年份的增加,每一个月的数据都呈上升状态,显然时间靠后的年份内的某个月总比时间靠前的年份内的相同月具有更多的飞机行李。其中在七八月时明显出现了一个小高峰,说明乘客数量明显在七八月较多。

指数平滑是一种最常见的时间序列回归方法。在了解这种方法前,先来了解下均值预测和单纯预测。

均值预测模型使用时间序列的均值作为未来的预测值,不难理解,既然时间序列在过去的一段时间内都在某个固定的均值附近波动,那么有理由认为,在未来的一段时间内它还会在这个均值附近波动。单纯预测模型使用模型的最后一个值作为后续时间点的预测值。

> **提示** 指数平滑法综合了两种方法，它认为全体历史数据都会影响未来值的预测结果，但全体历史数据并不是同样重要的，时间较近的数据对未来值的影响较大，也较重要；时间较久远的数据对未来值的影响较小，也较不重要。为了区分不同时期历史数据的重要程度，在计算预测值时，指数平滑法为历史数据添加了一个权重。

简单指数平滑是最基本的一种指数平滑方法，它的预测模型由一个预测方程和一个平滑方程构成，其中预测方程的表达式为 $y_{t+1} = l_t$，平滑方程的表达式为 $l_t = \alpha y_t + (1-\alpha)l_{t-1}$，显然，$l_t$ 是 α、y_t、l_{t-1} 的综合表达，其中 l_{t-1} 又可由 α、y_{t-1}、l_{t-2} 进一步计算得出。

预测方程和平滑方程可写为一个总的指数平滑方程 $y_{t+1} = \alpha y_t + \alpha(1-\alpha)y_{t-1} + \alpha(1-\alpha)^2 y_{t-2} + \cdots$，其中 l_t 被消除了，α 即为平滑系数，此时可使用 t 个历史数据预测第 $t+1$ 次的值，而在预测第 $t+2$ 次数据时，只需将第 $t+1$ 次的预测值代入指数平滑方程即可。显然，随着历史数据的周期数越来越小，其权重值也越来越小，对预测值的影响也越来越小。

简单指数平滑方法总是假设时间序列中不存在长期趋势和季节波动，Holt 线性趋势方法在简单指数平滑法的基础上添加了长期趋势，它由预测方程、级方程和趋势方程三部分构成，其中预测方程的表达式为 $y_{t+h} = l_t + hb_t$，级方程的表达式为 $l_t = \alpha y_t + (1-\alpha)(l_{t-1} + b_{t-1})$，趋势方程的表达式为 $b_t = \beta^*(l_t - l_{t-1}) + (1-\beta^*)b_{t-1}$（$\beta^*$ 为趋势的平滑系数），这 3 个方程同样可以合为一个方程。

在 Holt 线性趋势模型中再添加一个季节方程即可在模型中引入季节波动，此时模型的名称变为了 Holt-Winters 季节模型。考虑时间序列的两种分解方法，Holt-Winters 季节模型又分两种子模型考虑，一种是加法模型，另一种是乘法模型。

在加法模型中，预测方程为 $y_{t+h} = l_t + hb_t + s_{t-m+h_m^+}$，级方程为 $l_t = \alpha(y_t - s_{t-m}) + (1-\alpha)(l_{t-1} + b_{t-1})$，趋势方程为 $b_t = \beta^*(l_t - l_{t-1}) + (1-\beta^*)b_{t-1}$，季节方程为 $s_t = \gamma(y_t - l_{t-1} - b_{t-1}) + (1-\gamma)s_{t-m}$。在乘法模型中，预测方程为 $y_{t+h} = (l_t + hb_t)s_{t-m+h_m^+}$，级方程为 $l_t = \alpha\dfrac{y_t}{s_{t-m}}(1-\alpha)(l_{t-1} + b_{t-1})$，趋势方程与加法模型中的趋势方程相同，季节方程为 $s_t = \gamma\dfrac{y_t}{(l_{t-1} + b_{t-1})} + (1-\gamma)s_{t-m}$，其中 $h_m^+ = \lfloor(h-1)\bmod m\rfloor + 1$。

图 5.9 同时画出了加法模型和乘法模型的预测结果。

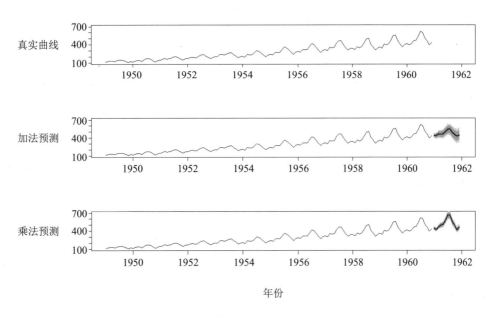

图 5.9 航空乘客数量预测

观察图 5.9，可以发现加法模型和乘法模型的拟合曲线都较为紧密地贴合在真实曲线上，但在预测新的年份时，加法模型的预测曲线的波动幅度明显小于乘法模型的预测曲线，乘法模型较好地拟合出曲线随时间增长而剧烈起来的波动。实际上，加法模型适合季节波动较为一致的情况，而乘法模型适合季节波动随周期的改变按比例变化的情况。

5.5.3 相关与回归分析小结

本节选取了一个时间序列分析的案例作为本章的总结性案例，介绍了自相关性和时间序列回归的概念。具体到时间序列分析而言，时间序列的分解不仅有经典分解法，还有 STL 分解法。

经典分解法具有通俗易懂、易于计算的优点，但它同样也具有缺点，其中最突出的缺点在于经典分解法不能顾及时间序列首尾两端的样本，移动平均的天数取得越多，不能顾及的样本点就越多；经典分解法假设季节因素是恒定的，当时间序列的年份跨度较大时，季节因素很可能发生变化，从而违反这一假设；此外，经典分解法对异常值也过于敏感。

> **提示**　STL 分解法避免了这些缺点。STL 分解法又称为局部加权回归散点平滑法，其核心是 Loess 算法。STL 分解法同时使用了内循环和外循环，内循环使用周期平滑、滤波处理等 6 个步骤分解出季节因素和长期趋势因素；外循环则引入一个权重，用于消除样本数据中异常值的影响。

对时间序列预测而言，除指数平滑模型外，如今成熟的时间序列模型还有自回归模型和移动平均模型等。

正如前文提到的那样，相关分析与回归分析所包含的内容远比本章内容更丰富多彩。在实际生活中，我们应当灵活调整分析策略，结合多种分析手段，最终落实到实际中去。

第 6 章
关联分析与聚类分析

　　如果说相关分析与回归分析是大数据领域的屠龙刀,那么关联分析与聚类分析就是大数据领域的倚天剑。所谓"屠龙宝刀,号令天下,倚天不出,谁与争锋",说的正是相关分析、回归分析与关联分析、聚类分析之间既相互补充又相互竞争的关系。在介绍完相关分析与回归分析后,本章将介绍更多更有趣的案例,了解关联分析与聚类分析的具体应用。

本章主要涉及的知识点

- 关联分析与聚类分析概述
- 购物篮分析:啤酒与尿布的经典案例
- 序列模式挖掘:Web 访问模式帮助电商优化网站
- 快速聚类:通过分类降低客户退货率
- 层次聚类:为鸢尾花分类
- 关联与聚类综述:加州极客的聚类分析把妹法

资源下载码: 67890

关联分析与聚类分析概述

关联分析和聚类分析经常应用于数据量较大的领域。关联分析用于发现一个事物中某些属性同时出现的规律和模式，聚类分析则将数据分成不同的类别。

关联分析和相关分析都是较为简单的分析技术。关联分析研究的是不同事件同时出现的规律，相关分析则研究不同变量的相关程度。这两者都是定性地研究不同事件中的关系，但是二者在分析方法、适用领域与适用问题上有着巨大的差距。

相关分析通过计算相关系数来判断两个变量的相关关系，计算相关系数需要用到样本数据的方差和期望，即相关分析是将变量看作连续型变量来处理的，无论该变量究竟是连续的还是离散的。关联分析则通过给不同事物计数来寻找不同事物同时出现的规律，在500次的记录中，事物A出现了400次，事物B出现了450次，那么A和B就可以视为有关联，因此关联分析是将事物看作离散型的来处理。

相关分析在小样本空间中表现很好，到大样本空间时，由于数据过多，导致相关系数的计算十分困难，同时也会造成相关系数的不准确。关联分析在小样本空间表现一般，只有数据足够多时，关联分析才可以发现不同事物同时出现的规律。

相关分析的结论是回归分析、因子分析等诸多分析的一条重要参考，在做相关分析时，同时也是在为下一步分析做准备。关联分析的结论相对独立，数据分析师根据关联分析的结论直接给出建议。

> **提示** 关联分析最常见的两类分析为购物篮分析和序列模式分析。购物篮分析总是用于研究超市顾客的购物篮中哪些物品会同时出现，例如，顾客购买啤酒时会同时购买尿布。序列模式分析则对顾客在购买一项物品后一段时间内还会购买什么物品感兴趣，例如，顾客购买尿不湿的两个月后会购买婴儿车。

聚类分析的目标在于将数据按照相似程度来分类。与以Logistic回归分析为代表的分类分析类似，聚类分析可以用来预测未知数据的类别，两者的不同在于分类分析的类别是给定的，聚类分析的类别则是根据数据集特性调整的。

聚类分析有如下4个特点。

（1）与回归分析类似，聚类分析需要考虑孤立点对分类结果的影响。聚类算法对孤立点过于敏感，会使分类结果不可信。

（2）事物的属性少于3个时，大部分聚类算法都表现很好，一旦事物属性过多，就有许多算法表现不那么好了，而且在二维或三维空间中，可以直观地判断聚类结果是否合理。

（3）聚类分析的结果有时会很不容易解释，像关联分析中有时不知道为什么啤酒和尿布会一块出现在购物篮中一样,聚类分析中有时一些点聚在一起也会显得很奇怪。

（4）在真实世界中,尽管聚类分析在小样本中的表现往往优于大样本,但大样本对聚类分析的需要要比小样本迫切得多。因此需要寻找能在大样本中工作良好的聚类算法。

最常见的聚类方法有层次聚类、快速聚类、密度聚类和网格聚类等。层次聚类将 n 个数据看作 n 个类,将距离较近的两个数据合并为一个类,这样就有了 $n-1$ 个类,再将距离较近的两个类合并为一个类,以此类推,最终 n 个类合并为有限个类;在快速聚类中数据首先随机分为几个类,然后调整离其他类别中心更近的数据的类别属性,如此迭代,最终确定分类;密度聚类主要用于解决聚类形状不是圆形的数据集,它根据数据的密度判断数据的类别;网格聚类则首先将数据集平面分为诸多小网格,所有处理都以网格为单位,这样做可以提高计算速度。

在大数据中,关联分析和聚类分析是非常重要的两类分析手段,它们各自衍生出许多专门的算法。这两种分析在互联网行业、零售行业和工业均有重要应用,因此学好这两种分析是非常必要的。

购物篮分析:啤酒与尿布的经典案例

啤酒与尿布的案例是零售界的经典神话,也是大数据领域最早出现的案例之一。这个案例的内容许多人都清楚:沃尔玛发现啤酒与尿布存在关联关系,将二者摆在一起销售,进而提升销售额。但是案例背后的算法原理却有很多人都不清楚。其实这个案例用到的就是关联分析中的购物篮分析,本节将完整介绍购物篮分析的原理与应用。

6.2.1 沃尔玛超市中的啤酒与尿布

早在 20 世纪 80 年代,沃尔玛超市就已经将关联分析应用到了商品管理中。沃尔玛超市的销售人员通过购物篮分析发现,许多顾客会同时购买啤酒和尿布。原来许多美国家庭都是妻子在家照顾婴儿,丈夫去超市为婴儿买尿布。丈夫们在购买尿布时往往会感觉自己为家庭做出了巨大贡献,因此会顺便买两瓶啤酒"犒劳"自己,这就引发了啤酒与尿布同时出现在一个购物篮中的现象。

这一现象引起了销售人员的重视。销售人员将啤酒与尿布摆放在相邻的位置,以便于年轻爸爸们能顺利地同时找到这两种商品,这一独特的商品摆放法则不仅为那些想要购买啤酒和尿布的年轻爸爸提供了方便,也刺激了仅想购买啤酒或尿布的年轻爸爸同时购买互补品,因此极大提升了超市中啤酒和尿布这两者的销售量。这就是"啤酒与尿布"故事的由来。

"啤酒与尿布"案例是购物篮分析的始祖,到如今,购物篮分析已经成为广受零售商欢迎的分析手段之一,购物篮分析的成功案例也越来越多。

"飓风与蛋挞"的案例同样发生在沃尔玛超市。美国的沃尔玛发现，当飓风季节来临时，手电筒和蛋挞的销量会同时增加，这可能是因为家庭主妇们在飓风季节无心做饭，或者其他什么原因。总之，这一现象的发现使沃尔玛将飓风用品和蛋挞放在一起进行销售，从而提高了销售额。

"购物单与怀孕预测"的案例则发生在塔吉特超市。塔吉特超市收集了怀孕两个月、怀孕 3 个月、怀孕 4 个月等的准妈妈们的购物单，发现准妈妈在怀孕 3 个月时会买许多无香乳液，几个月后会买一些诸如钙、镁、锌的营养品。塔吉特超市一共挖掘出 20 多种关联产品，并利用这些产品的购买记录为准妈妈们提前发送婴儿产品的优惠券和宣传单。

以上 3 个案例都属于购物篮分析的范畴，购物篮分析不仅可以用在超市中，帮助超市零售商摆放物品，同时也可以用在电商领域中，将关联的产品排在一起等。例如，淘宝小店可以将相关度较高的两个商品的链接放在一起或做捆绑销售。

6.2.2 购物篮分析案例实解

为了理解购物篮分析的原理，不妨假设一个较简单的情景。表 6.1 列出了包括面包、牛奶、尿布、啤酒、鸡蛋和可乐 6 种商品的销售记录。

表 6.1　5 种商品组合

编号	商品组合
1	面包、牛奶
2	面包、尿布、啤酒、鸡蛋
3	牛奶、尿布、啤酒、可乐
4	面包、牛奶、尿布、啤酒
5	面包、牛奶、尿布、可乐

表 6.1 给出了 5 张购物清单，每张清单都是一种商品组合。购物篮分析的任务就是从这些购物清单中找出最频繁出现的组合。在进行购物篮分析时，需要先把这张清单转化成二元表示。

观察表 6.2，可以发现这张表中用 0 表示没有，用 1 表示有，编号 1 的商品组合中面包和牛奶是 1，其他都是 0，也就是说，商品组合 1 中仅含有面包和牛奶；同理，商品组合 2 为面包、尿布、啤酒和鸡蛋，以此类推，可知所有商品组合。

表 6.2　商品组合的二元表示

编号	面包（a）	牛奶（b）	尿布（c）	啤酒（d）	鸡蛋（e）	可乐（f）
1	1	1	0	0	0	0
2	1	0	1	1	1	0
3	0	1	1	1	0	1

续表

编号	面包（a）	牛奶（b）	尿布（c）	啤酒（d）	鸡蛋（e）	可乐（f）
4	1	1	1	1	0	0
5	1	1	1	0	0	1

在购物篮分析中有一个重要的概念叫作项集。一个项集就是一种商品组合，例如"面包"是一个项集，"面包、牛奶"也是一个项集；特别地，什么也不买也是一个项集。已知：

$$C_6^0+C_6^1+C_6^2+C_6^3+C_6^4+C_6^5+C_6^6=1+6+15+20+15+6+1=64$$

因此6种商品能组合出64个项集，我们的目的就是从这些项集中找出频繁项集。逐一查看这些项集是否频繁的未免有些浪费时间，在涉及成百上千种商品时更会增大工作量，不过好在可以利用先验原理。

先验原理如下：如果一个项集是频繁的，则它的所有子集一定是频繁的；如果某项集是不频繁的，则其所有的超集也一定是不频繁的。先验原理极大地减少了购物篮分析的计算量，这是购物篮分析算法得以实现的保障之一。

为了便于描述，使用a、b、c、d、e、f分别代表面包、牛奶、尿布、啤酒、鸡蛋、可乐。先验原理就是说如果项集abc是频繁的，那么项集a、b、c、ab、ac、bc都是频繁的；如果项集a是不频繁的，那么项集ab、ac、ad、ae、af、abc、abd、abe、abf、acd、ace、acf、ade、adf、aef、abcd、abce、abcf、abde、abdf、abef、acde、acdf、acef、adef、abcde、abcdf、acdef、abcdef都是不频繁的。

根据表6.2，可知面包、牛奶和尿布的频繁度是4，啤酒的频繁度是3，鸡蛋的频繁度是1，可乐的频繁度是2。通常取项集频繁度前2/3左右作为频繁项集，在这里不妨认为频繁度小于等于2即为不频繁，频繁度大于2即为频繁。那么鸡蛋和可乐均为不频繁项集，后续分析中，所有包含这两项的都不再考虑。

表6.3中仍用字母代表商品，考虑含两项以上商品的项集。

表6.3 项集频繁度

项集	频繁度	项集	频繁度	项集	频繁度
ab	3	bd	2	acd	—
ac	3	cd	3	bcd	
ad	2	abc	2	abcd	
bc	3	abd	—		

对于某个项集，有几个购物清单上包含了该项集中全部物品，则该项集的频繁度即为多少。例如，对于面包和牛奶这个组合，购物清单1、4、5中均包含面包和牛奶，所以这个项集的频繁度为3。表6.3给出了商品a、b、c、d的全部项集及其频繁度。

首先观察包含了两项的项集的频繁度，ad、bd 的频繁度都是 2，因此含 3 项以上商品的项集中包含 ad、bd 的项集都不会是频繁的，即 abd、acd、bcd、abcd 都不可能是频繁的，因此也不需要考虑其频繁度。同时 abc 也是不频繁的，因此最后可知仅有 ab、ac、bc、cd 4 个项集是频繁的。也就是面包和牛奶、面包和尿布、尿布和牛奶、尿布和啤酒是有关联的。

以上就是一个完整的购物篮分析过程。最终虽然导出了 4 个关联关系，但是其中面包和牛奶均为食品，理所当然会摆在一起，这个关联意义是不大的。此外，面包、尿布、牛奶都是家庭主妇爱买的东西，超市经理在安排货物时，自然会把它们放在较为靠近的地方，仅有啤酒和尿布这个组合让人意想不到，因此这个组合也最有价值。

> **提示** 沃尔玛超市每天要面对的购物清单数以万计，货物种类也成百上千，他们所做的关联分析一定比本节使用的例子计算度要大许多，但是无论如何，其中的原理都是类似的。

6.2.3 购物篮分析小结

购物篮分析在现代社会被广泛使用，这不但是因为其可以应对很大的数据量，同时也是因为购物篮分析可以应用于许多模式。"啤酒与尿布"研究的是货物与货物的关系，这个案例广泛流传后，大型零售商们很快就开发出其他应用方式。

购物篮分析可以研究气候与货物的关系。例如，飓风和蛋挞一例中，购物篮分析所针对的就是气候和货物的关系。此外，日本的 7-11 便利店更是研究气候与货物之间关联的好手。7-11 便利店总是根据当日的气温、阴晴和湿度等条件安排货物摆放，并且由于不同时间段内顾客群明显不同，如清晨是行色匆匆的白领，中午是学生党，下午和晚上是家庭主妇等，7-11 便利店往往会在不同时间段内安排不同的货物摆放顺序，以达到最大的销售额。

沃尔玛与 7-11 便利店都是根据货物关联关系进行促销，他们对谁买了什么不感兴趣，而是想知道什么和什么会一起被卖掉及什么时候买什么比较合适。塔吉特超市的怀孕预测技术则是反过来做的，他们更感兴趣的是谁是准妈妈。塔吉特超市摸索出准妈妈购买物品的规律，从而找出了谁是潜在的准妈妈。在这里购物篮分析分析的是准妈妈和商品的关联关系，也就是先给定样本范围，在这特定范围内寻找关系。

以上 3 个应用都属于关联分析的范畴，关联分析可以应对很多不同的问题，这是它的强大之处，但是关联分析同样也有局限。

（1）使用购物篮分析首先要弄清楚关联关系的真实含义。

例如，虽然知道啤酒和尿布是有关联的，但这个法则仅针对年轻爸爸而言，倘若对每一个购买啤酒的人都推销尿布，这恐怕不太合适，仅向年轻男人推销尿布则要好得多。弄清楚关联关系背后的含义有助于更好地安排促销计划。

(2)关联关系有其适用范围。

例如,有一家零售店发现咖啡伴侣总是和垃圾袋之类的生活物品一起被卖掉,这家零售店的经理进行了考察,最后发现附近的写字楼中的后勤部门总是在下午三四点时来零售店采办垃圾袋,同时会给写字楼中的白领们带些咖啡伴侣回去,因此形成了这种奇特的关系。这家零售店把二者搭配销售,获得了巨大成功,但是显而易见,这种关联仅适合这家店,换个附近没有写字楼的环境后,这种关联法就自然而然地失效了。

(3)很多关联关系都是没用的。

摆在一个货架上的物品比摆放位置相距很远的物品总是有更大的关联度。例如,面包和牛奶总是摆在一起,袋装方便面和盒装方便面也总是摆在一起,发掘出这样的货物之间的关联关系基本上是没用的,而且有时发现的不那么寻常的关联关系也不过是偶然现象。

> **提示** 关联关系背后的人类逻辑往往是后期附会上去的,关联关系用好了非常好用,但用不好就会闹笑话。因此对于关联关系一定要加以排查,才能从中找出真实有用的关联关系。

6.3 序列模式挖掘:Web 访问模式帮助电商优化网站

现实生活中,有时我们对用户行为模式中的先后顺序非常感兴趣,例如,购买某商品后一段时间内还会购买什么商品,访问某站点后一段时间内还会访问什么站点。回答这些问题都需要依赖序列模式挖掘。除预测客户购买模式、预测 Web 访问模式外,序列模式挖掘同样可以预测自然灾害、诊断疾病及分析 DNA 序列。

6.3.1 序列模式挖掘存在的意义

关于大数据,有一个很有趣的段子是这样说的:崇拜大数据的人说啤酒和尿布是营销界的神话,大数据可以告诉你有关消费者的一切;质疑大数据的人却说:"我在淘宝上买了个锤子,两个月后淘宝的推荐系统还在给我推荐锤子。连快消品和耐耗品都分不清楚,大数据也不过尔尔。"

这个段子不免让人会心一笑,在 5.2 节中已经讲过,推荐系统依赖的是相关关系,所以淘宝的推荐系统确实不关心商品是快消品还是耐耗品。但是淘宝的推荐系统是在某顾客购买一样商品后才做出的推荐,因此推荐给顾客之后他需要的东西要比推荐给顾客其购买商品的相关商品要重要得多。

对于某个购买了孕妇服的顾客,在四五个月后推荐奶瓶和尿不湿给她是比较合适的,在她购买了奶瓶后,再隔一两个月后推荐婴儿车和婴儿玩具是比较合适的。这种做法符合了一个婴儿在生长周期中的需要，因此应当是比较成功的。而如果在某个顾客购买了孕妇服的一年后还在给该顾客推荐孕妇服显然是不大合适的。

尽管人类可以很容易地理解这种购买物品的先后顺序，但是很难给计算机程序解释清楚一个婴儿是如何慢慢长大的。计算机程序只能观察到很多人在购买孕妇服的四五个月后也购买了奶瓶和尿不湿，因此计算机程序会通知推荐系统，让它在某人购买孕妇服的四五个月后为她推荐奶瓶和尿不湿。这就是序列模式挖掘的真谛。

> 提示　在现实生活中，需要研究行为模式的先后顺序的情况很多。研究网站访问者访问站点的顺序可以帮助网站所有者理解用户的行为，优化网站的结构及进一步为用户提供个性化服务，同时序列模式挖掘也可以发现异常用户，或者用于研究生物学序列、科学或工程及自然社会发展中的时间序列。

6.3.2 Web 访问模式与优化网站

互联网上有数以亿计的网页，这些网页之间又有诸多链接在它们之间形成复杂的网络关系，毫无疑问，互联网是一个庞然大物。

如图 6.1 所示，每一个小小的页面都代表一个网页，每一条细线则是一个将不同网页联系起来的链接。

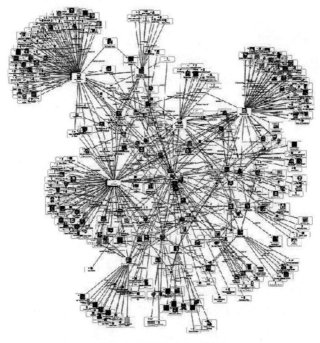

图 6.1　复杂的互联网网络

从图 6.1 中可以看到，处于中心位置的页面链接了较多的网页，处于外围的页面则链接了较少的网页。对于外围页面，删除或增加一个似乎无关紧要；对于内围页面，每一个页面的变化都会引起连锁反应。因此我们不禁会问，究竟什么页面放到内围、什么页面放到外围、什么页面和什么页面连起来才能达到最好的效果呢？序列模式挖掘可以帮助我们回答这些十分重要的问题。

为了便于理解，不妨使用图 6.2 这个较为简单的模型。

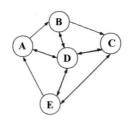

图 6.2 网页链接简化模型

在图 6.2 中，列出了 A、B、C、D、E 5 个网页形成的相互链接模型。其中 D 为较重要的网页，A、B、C、E 为较不重要的网页。根据该模型，访问者有可能形成诸如 DABCD 或 DBDEAB 之类的访问顺序，网站后台会记录下每个访问者什么时候访问了哪个页面，以及在每个页面停留的时间。根据页面停留时间的长短把页面分为过渡页或内容页，访问者浏览时间低于某个值的页面应当标记为过渡页，访问者浏览时间高于某个值的页面应当标记为内容页，这个值通常是两三秒。

> **提示**　同一浏览者在某页面停留时间超过 30 分钟后，即应当认为这次访问结束了，倘若之后再次出现该浏览者的记录，应当视作另一次访问的开始。

对于图 6.2 的模型来说，可以记录出表 6.4 的 Web 访问日志。其中涉及 4 位访问者，访问者 1 的访问序列为 DBD，访问者 2 的访问序列为 DE，访问者 3 的访问序列为 ADE，访问者 4 的访问序列为 C。与购物篮分析类似，把一个可能的访问序列称为项集，例如，一个单独的页面可以组成一个项集，一些页面组合起来也可以称为项集。

表 6.4 Web 日志示例

用户 ID	访问页面	访问时间
1	D	06.43.20
2	D	06.44.22
1	B	06.44.33
3	A	06.45.02
2	E	06.45.05
4	C	06.45.40

续表

用户 ID	访问页面	访问时间
1	D	06.45.45
3	D	06.46.07
3	E	06.46.08

由于页面之间的链接可以形成闭环，访问者可以无限次地在这些页面中来回点击跳跃，项集也可以有无穷大的长度，因此我们往往仅研究一定长度内的项集。

类似于购物篮分析，序列模式分析同样需要把访问序列分解为更小的项集，分解时需要考虑顺序。访问者 1 的访问序列可分解为 D、B、D、DB、BD、DBD，访问者 2 的访问序列可分解为 D、E、DE，访问者 3 的访问序列可分解为 A、D、E、AD、DE、ADE，访问者 4 的访问序列仍为 C。为这些分解后的项集计数，并找出其中的频繁项集：D 有 4 个、E 有 2 个、DE 有 2 个，其余项集都是 1 个。由此可知页面 D 占据了绝对重要的地位，并且 E 页面也同样有较高访问率，因此应当增多 E 页面与其他页面的链接，无论是从 E 页面链接到其他页面还是从其他页面链接到 E 页面。

表 6.4 仅提供了非常有限的访问日志，容易想到，当访问日志更多时，序列模式挖掘就可以挖掘出更多的关联规则来。例如，网站工程师可能会发现 ADE 这种访问模式非常频繁，这无疑意味着应该加一个从 A 到 E 的链接以便于为按照 ADE 顺序访问的用户提供方便；或者网站工程师可能会发现 AB 访问序列非常少，这无疑意味着 A 和 B 关联度很低，从 A 到 B 的链接可以取消以便于节省网站资源。

这些链接的形式是多种多样的，对于淘宝或视频网站来说，ADE 访问模式的频繁意味着用户访问完 A 后会继续访问 E，A 和 E 很可能是某个商品或某个视频的网站，这就意味着可以在页面 A 放一个关于 E 的广告，广告当然是链接的一种。也就是说，序列模式挖掘同样担负着推荐广告的重任。

> **提示** 对于任意网站来说，序列模式挖掘可以更深入地了解访问者的行为模式，以此来重构网站的页面之间的链接关系，优化网站的程序设计，进而提高和改善网站的结构，使网站更符合访问者的行为模式，最终取得更好的市场竞争力，这也正是序列模式挖掘在优化网站领域的重大贡献之一。

6.3.3 序列模式挖掘小结

在网站优化领域，序列模式挖掘起到指导网站赋予更重要的页面更多链接，以及去除不重要的页面链接的作用。这确实是序列模式挖掘非常了不起的地方，但序列模式挖掘并不是没有软肋，网站的变动就会对序列模式挖掘产生巨大的影响，想要了解序列模式挖掘同样有必要了解网站的变动对序列挖掘模式的影响。

如图 6.3 所示，根据序列模式挖掘给出的结论，表 6.4 中的页面链接模型可能会改成图 6.3 所示模型。

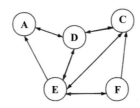

图 6.3　修改后的页面链接简化模型

其中删除了页面 B 及与 B 相关的 3 个链接，并且加了一个新页面 F，增加了 F 与 E 的双向链接及 F 指向 C 的链接。删除原有页面或链接后，原有的 Web 访问日志中会出现无效的访问模式，同时其他有效访问模式的频繁项集发生变化。增加新页面或链接后，原有的序列模式挖掘结果并不受影响。这些变化为网站结构带来的影响都需要收集新的数据后才能判断。

因此，想要序列模式挖掘的结果准确，就必须保证所用序列的时效性。如果网站结构发生了变动，那么通常结构变动以后收集的序列才有效。此外，即便网站结构没有变化，太久远的序列模式同样会影响挖掘结果的准确性。

除需要考虑时效性外，序列模式挖掘还有其他缺陷。如今网站产生的数据量呈指数级增长，序列模式挖掘算法很难在兼顾大数据量的情况下同时兼顾挖掘结果的复杂多样性，因此算法仅能考虑简单的 Web 访问序列，对于较复杂的 Web 访问序列无能为力。此外，巨大的数据量也对序列模式挖掘算法存储能力提出了新要求。

快速聚类：通过分类降低客户退货率

聚类分析是机器学习领域中最常用的一种分类方法，它的算法原理非常简单，能够处理绝大多数分类问题。本节介绍了快速聚类技术是怎样用于预测客户类别，从而降低客户退货率。此外，也简单介绍了 K 近邻聚类方法。通过本节的学习，读者可以掌握聚类分析的普遍思想及它们之间的细微差别。

6.4.1 日益兴旺的在线销售和退货问题

如今在线销售行业日益火爆，无论是开设在淘宝、京东等网站上的中小网店，还是自行搭建销售网站的大品牌，在线销售额所占比重都越来越大。对顾客而言，这种购物方式所用时间更少，浏览产品更多；对商家而言，这种方式节约人工成本，缩短销售链条。

在本土化服务、个性化服务大行其道的当下，商家在网络、移动应用、社交媒体等多个渠道做尝试，顾客甚至可以在微博、微信朋友圈中留言，传达自己的购物需求。电子商务和移动商务领域的销售额增长速度非常快。

但线上销售同样也有缺陷，由于不能实地试用，商家往往会承诺 7 天包退换，这增加了顾客的购物动力，但也造成了退货率居高不下的问题。这一情况十分严重，以下是 3 个不得不关心顾客退货率的理由。

首先，有退货行为的顾客非常多，约有 40% 的顾客在下单时就打算退货，在与商家交涉后，这个比例有所下降；其次，商家退货的成本非常高，考虑到管理费用和邮费，对于同一件商品，退货成本是发货成本的 2～4 倍；最后，如今选择在线购物的顾客非常多，庞大的基数意味着高额的退货费用。

幸运的是，与线下购物相比，顾客在购物过程中留下了维度宽广、缺失值较少的大量数据，这给数据挖掘提供了良好的基础。这些购物数据可以用于监测库存、确定促销策略。例如，当某件红裙子销量火爆，并导致库存告急时，商家会急忙对与它同款的蓝裙子大打折扣，以缓解库存压力。

对退货问题而言，聚类分析是较好的解决方法之一。考虑顾客的类别，其退货率可以分为较高、一般和较低等多种类型，影响退货率的变量可能有很多种，例如，购物件数、付款速度、历史退货率和物品单价等。具体到某个细分领域，还会有其他可利用的变量。

6.4.2 用聚类分析降低退货率

快速聚类又称为 K 均值聚类，是最简单的一种聚类方法，在二维平面或三维平面上时，聚类结果最直观、易解释。在研究客户退货率的案例中，与退货率最相关的变量是顾客的购物件数。容易想到，如果客户在购物时购买了多个尺寸、颜色的同款货物，那么客户很可能会只留下其中最合适的一件，将其他的都退掉。

图 6.4 画出了顾客退货率和购物件数的散点图，以及聚类中心的变化路径。

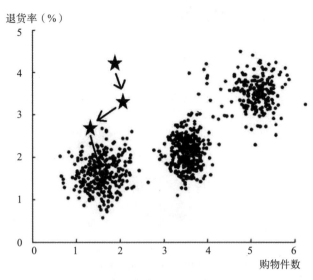

图 6.4　顾客退货率和购物件数的散点图

图 6.4 演示了快速聚类的过程，不妨假设设定的初始类别为 3 个类。在最一开始，算法会随机地把散点归入 3 个类别中，并根据随机分类的散点计算每个类别的中心坐标。由于此时的散点图中每个类别的点随机分布在图上，因此必然存在许多散点距离其他类别的中心要比距离自己类别的中心还要近，也就是说，每个类别中心附近聚集着许多不属于自己类别的散点。

如图 6.4 所示，第一个五角星周围并没有聚集较多的散点。聚类算法会为所有的散点再次分类，将它们归入离自己最近的类别中心所属的类别中，同时，由于此时每个类别中的散点发生了变化，因此根据新分类的散点可以计算得到 3 个聚类中心的新坐标。然后，根据新的聚类中心，聚类算法会再次调整每个类别中所属的散点，如此循环迭代，直到散点类别不再变化为止。图 6.4 中五角星的坐标变化显示了最左边一群散点类别中心的坐标变化。

在快速聚类中，聚类的个数由数据分析师手动指定，它一般根据原始数据形成的散点图观察得到。有时聚类的个数容易确定，例如，根据图 6.4 中退货率和购物件数所形成的散点图，可以大致判断出这些散点可以聚为 3 类；有时聚类的个数不容易确定，需要反复尝试，直到聚类结果令人满意为止。

图 6.4 所示是顾客退货率和购物件数的散点图，从实际意义上来看，其中左下方散点的购物件数和退货率都比较低，是最正常的一类客户；中间散点的购物件数主要集中于 3~4 件，其退货率也不太高；而右上方散点的购物件数普遍大于 4，退货率普遍大于 3%，这类客户正是我们所想要找出的劣质客户。

> **提示**　快速聚类的迭代计算方法不仅可以用于二维数据，同样可以用于三维、四维，甚至更高维数中去。当维数大于三维时，由于缺乏合适的表达图像，人类便难以理解聚类的含义，因此在快速聚类中，使用最多的是二维或三维聚类。

图 6.5 所示是引入付款速度后的三维聚类图。

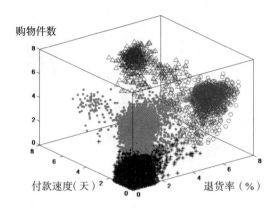

图 6.5　退货率、购物件数和付款速度的三维聚类图

图 6.5 所示是根据退货率、购物件数和付款速度 3 个变量形成的聚类效果图。在图 6.5 中，散点明显聚集在中下方、中间、中上方和右方这 4 个方向上。

十字形类别和实心圆形类别是优质顾客。其中中下方类别的顾客总是购买两件以内的货物，并在两天之内付款，他们中有一小部分人的退货率固然居高不下，但总体来说是能带来高利润的人群；中间类别的客户购买 4 件以内的货物，他们中大部分人在两天内付款，但也有一部分人在 4 天内付款，不过这并不影响他们的退货率，这些顾客的退货率略高于十字形类别的顾客，但仍然属于受欢迎的顾客。

中上方类别和右方类别就不那么令人愉快了。其中中上方顾客的退货率非常高，他们每次购买 4~8 件货物，并在 4 天左右的时间内付款，属于那种在买东西之前就打定主意要退货的人群；右方顾客的情况稍复杂一些，他们购买的货物数量比实心圆形类别的顾客稍多，在 4 件上下浮动，但他们的付款时间非常迟，集中在收货 4 天左右，同时他们的退货率是最高的，比中上方顾客还要高一点。

> **提示**　在解决实际问题时，不仅要找到需要解决的问题，还要找出背后的原因，从而制定解决方案。三角形类别的顾客是最常见的一类劣质顾客，他们担心自己购买货物不合适，因此购买多个货物用于挑选。针对这类客户，商家需要为他们提供更详细的货物信息，帮助他们挑选货物。

右方类别的顾客则令人迷惑，他们购买的货物件数并不算多，但他们和中上方类别顾客付款的速度同样迟。中上方的顾客付款较迟是因为他们需要时间来试一试究竟哪件货物是最好的，哪件货物需要被退掉。而右方顾客付款较迟则是因为他们把时间用在了和客服争论。付款速度较慢预示着顾客对商品并不满意，而这正是顾客退货率较高的最可信理由。对于这类客户，商家应在其退货前及时加以安抚，例如，发放优惠券，给予客服更大的权力，让客服能够使用现金奖励等方法说服顾客打消不满，不要退货。

6.4.3 快速聚类小结

快速聚类适用于对大样本进行聚类，尤其是对形成的类的特征有了一定认识时，此聚类方法使用起来更加得心应手。快速聚类与其他聚类方法相似的是，它们处理二维或三维时表现很好，在处理更高维度时，聚类结果不再直观，因此也难以判断聚类结果是否良好。

除计算快速、准确率高外，快速聚类还有一些需要指出的特性。

首先，快速聚类结果的准确与否很大程度上取决于指定的分类数目，因此使用快速聚类算法时，必须反复实验不同的分类数目，直至找到分类效果最好的数目。

其次，快速聚类的结果并不唯一，相同的样本和相同的分类数目有可能产生不同的分类结果，因此最好的解决方法是多做几遍快速聚类，再对不同的结果取平均值。快速聚类的结果很可能难以解释，这意味着所使用的样本数据也许并不适合聚类分析。

最后，在度量远近时，通常使用欧氏距离，也就是以两个样本的直线距离作为比较标准。欧氏距离在训练样本呈椭圆分布时工作良好，但当训练样本呈现内凹或外凸的奇怪形状时，根据样本密度计算距离更加合适。

> **提示** 快速聚类最大的特点在于它事先不知道样本点各自属于哪个类别，这是一种无监督算法。与之相对应的有监督算法是 K 近邻聚类，它同时需要一份训练集和一份测试集。K 近邻算法要求训练集中的观测值已经标出了类别变量和其他用于判断类别的非类别变量，而测试集中的观测值则不需要标出类别变量。

我们希望 K 近邻算法能为测试集中的观测值预测类别。这一算法用非类别变量度量训练集中样本和测试集中样本的距离，并根据距离测试样本最近的 k 个训练样本的类别来判断测试样本的类别。

从应用角度来说，快速聚类分析有很广泛的应用。聚类分析可以作为其他算法的预处理步骤，这些算法往往是分类算法或定性归纳算法。聚类分析能够获得数据的分布状况，有利于数据分析师观察每一类数据的特征，集中对特定的数据类别做进一步的分析。商业领域通常使用聚类分析研究消费者行为或细分市场，保险业同样使用聚类分析为客户分类，地理、生物行业则使用聚类分析为各种地形地貌或动植物分类。

6.5 层次聚类：为鸢尾花分类

层次聚类法是另一种十分流行的聚类方法，它首先将每个样本都视为单独的一类，然后根据样本之间的相似程度来两两合并，最终合并至指定的类别个数为止。根据花瓣长宽、花萼长宽等变量为鸢尾花分类是一个较为典型的例子。通过阅读本节，读者将了解层次聚类的原理和应用场景。

6.5.1 更多的聚类分析应用场景

聚类分析具有简单直观的特点，它的算法往往比较简单，在较复杂的数据集上也能以较高的效率输出结果；聚类分析能够发现数据中未知的信息，为决策者提供决策依据。

聚类分析既可以对观测值进行聚类，又可以对变量进行聚类。当对观测值进行聚类时，聚类分析又称为 Q 型聚类；当对变量进行聚类时，聚类分析又称为 R 型聚类。

与 K 近邻聚类分析和快速聚类分析相比，层次聚类法并不要求每个类别的个数相同。此外，无论观测值有多少个维度，层次聚类法都能画出聚类图，能更好地表现聚类结果。

在 6.4 节中介绍了通过给客户分类，降低客户退货率的案例。此外，还有许多聚类分析可以应用的场景。

例如，通过用户分类做好友推荐。对于社交网站来说，有效的好友推荐有利于增加每个用户的好友数目，从而增长用户黏性，提高网站活跃度，活跃用户也有利于帮助网站召回那些不太活跃了的用户。因此，站在网站管理者的角度来说，增加活跃用户的好友数目无疑是很重要的。

而对于用户来说，社交网站上的用户有千千万个，如果一个一个地搜索自己感兴趣的用户，再将其进行筛选，这将是一个庞大烦冗的工程，个性化的好友推荐可以帮助用户发现还不认识的、可能有共同爱好的朋友，并且方便与关系日渐淡化的朋友进行联系。

再如，搜索引擎中的关键词查询推荐。对搜索引擎而言，很多网民的查询意图是比较类似的，对这些查询进行聚类，一方面，可以使用类内部的词进行关键词推荐；另一方面，如果聚类过程实现自动化，则也有助于新话题的发现，同时还有助于减少存储空间等。

> 这些聚类应用所共有的特点便是涉及的变量个数较多，不同类别的样本个数也较不均衡。此时层次聚类是更好的选择。

6.5.2 使用花瓣长宽、花萼长宽为鸢尾花分类

本节使用鸢尾花分类的例子讲解了层次聚类的方法原理，并介绍了如何使用碎石图确定聚类个数。

层次聚类法又称为系统聚类法，它的算法思想与 K 近邻算法有很大不同。K 近邻算法的训练样本的类别是已知的，它所做的工作实际上是将新样本分到已知的类别中去，样本数据的类别是固定的。但层次聚类法所要做的则是根据样本信息归纳出类别来，在模型创建完毕之前，样本的类别是未知的。层次聚类法是一种无监督算法，不区分训练集和测试集，自始至终只在一个数据集上创

建模型并获得最终结论。

在初始状态，层次聚类法认为每一个样本都是单独的一类，含 n 个样本的数据集就有 n 个类别。通过计算类别与类别之间的距离，系统聚类法会将间隔最小的两类数据合并为一个新的类，这时数据集中的类别数就减少为了 n-1 个类。进一步地，系统聚类法再次找出间隔最小的两类数据，再次将它们合并为一个类，这时数据集中的类别数将进一步减少为 n-2 个类。以此类推，最终数据集中将只剩下一个大类，即包含了全体数据的类。

显然，构建系统聚类模型的重点在于如何构建度量类别之间距离的公式。在最初时，每个类别都只有一个样本，度量样本与样本之间的欧氏距离就可以了，但当第一次合并完成，出现包含了多个样本的类别时，度量类别与类别之间的距离就显得复杂了。实际上，不同的度量方式正是区分不同系统聚类方法的主要指标。

最小距离法比较了两个类别中彼此离得最近的两个样本，它度量了两个类别的最小距离；最大距离法比较了两个类别中彼此离得最远的两个样本，它度量了两个类别的最大距离。这两种方法都仅运用了每个类别中一部分样本的信息，是较简单的方法。

类平均法综合了最小距离法和最大距离法，它比较了两个类别之间每一对样本对的平均距离。假设类别 X 有 i 个样本，类别 Y 有 j 个样本，则这两个类别能构造出 $i \times j$ 个样本对，两个类别间的平均距离就是这 $i \times j$ 个样本对的平均距离。

最后一类常用的方法是离差平方法。它利用类别中数据的离散程度来度量两个类别的距离。假设类别 X 和类别 Y 会合并为类别 Z，则类别 Z 的离差平方和减去类别 X 的离差平方和后再减去类别 Y 的离差平方和就是类别 X 和类别 Y 的离差距离。

> **提示**　类平均法和离差平方法都利用类别中的全体信息做推断，因此比最小距离法和最大距离法更加合理。其中离差平方法的准确度又比类平均法更高一些，通常情况下是最佳的系统聚类方法。

在鸢尾花分类的例子中，使用了花瓣长宽、花萼长宽 4 个变量用于聚类。图 6.6 绘制了聚类结果。

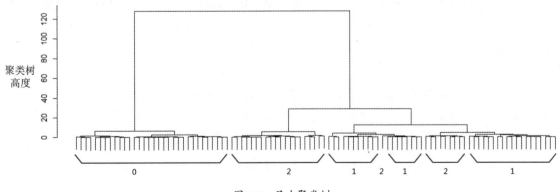

图 6.6　层次聚类树

图 6.6 给出了层次聚类的树状图，这一树状图一共绘制了 150 个样本，从每一个单独的样本开始，三三两两地逐渐合并为一些小的类别，这些小的类别继续慢慢向上合并，最终合并为一个整的大类。将两个小类别连接为一个大类别的竖线有长有短，竖线越长，就说明被合并的两个类别越不相似；竖线越短，就说明被合并的两个类别越相似。

为了便于查看聚类效果，在树状图的最低端标出了每一个样本对应的真实类别。观察这些样本的对应值，所有类别为 0 的样本都集中在树状图的左侧；而类别为 2 的样本大部分集中在树状图的中间，还有一小部分处于树状图的右侧；将类别为 1 的样本一分为二，甚至还有一个异常值单独藏在类别为 1 的样本中。

实际样本有 3 个类别，在聚类树高度为 20 的地方，层次聚类将原始数据较好的分成了 3 类，其中仅有 10 个属于第 2 类的样本被错分入第 1 类。

在实际生活中，往往并不能提前得知样本共有几个类别。仅从树状图来看，图 6.6 中将原始数据集分为 2 类、3 类或 4 类都具有一定的合理性。碎石图在样本究竟该分为多少类这一问题上起到辅助作用。图 6.7 绘制了鸢尾花聚类问题的碎石图。

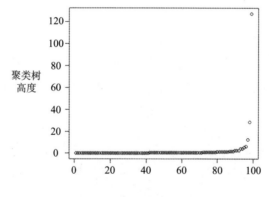

图 6.7 层次聚类碎石图

图 6.7 由许多小小的圆圈组成，它们缀连成一条曲线，看起来就像一些碎石子一样。在图 6.7 的右侧，有 3 个碎石远离其他碎石。从右向左看，第 1 块碎石到第 2 块碎石的角度十分陡峭，而从第 4 块碎石开始，石子的走向变得平稳了，结合前 3 块碎石远离其他碎石的情况，显然，将原始数据分为 3 类是合适的。

> **提示** 实际上，碎石图绘制的是聚类树高度随合并次数的增多而变化的情况。前文已经提到，两组子类越相似，合并后聚类树增加的高度就越少。因此，我们应该找到聚类树高度猛增的地方，作为层次聚类的停止点。

在实际中，也可设置阈值，这样当聚类树高度达到阈值后，便会自动停止聚类。

6.5.3 层次聚类小结

本节介绍了 K 均值聚类法、K 近邻聚类法和层次聚类法等多种聚类方法的原理。如今已有多种成熟的聚类分析方法流行于各个领域，其中应用较多的还有动态聚类法、模糊聚类法、基于密度的方法和基于网格的方法等。

鸢尾花分类是层次聚类的一个典型例子。与层次聚类相比，快速聚类要求每个类的样本数目相仿，否则结果的准确度将受到影响，层次聚类则没有这层顾虑。

树状图并不关心在分析过程中究竟使用了哪些变量，而只关心最终的聚类结果，这使层次聚类在处理高维数据时仍然可以直观地表示聚类结果，这意味着层次聚类能够利用更多的信息来分类。

层次聚类对于孤立点并不敏感，处理小数据或大数据都表现良好，也不要求不同类别样本的个数保持均衡，这些特性使它成为广泛应用的聚类方法。实际上，所有能用快速聚类法解决的问题，都可以用层次聚类法解决。

此外，层次聚类分析经常与降维分析、回归分析结合在一起。如果将每个样本都看作一个单独的维，那么层次聚类无疑是降维分析的另一种表现形式，它将较多的维度降至较少的维度上去。

在回归分析中，当自变量较多，且彼此相关程度较高时，可将全体自变量抛入层次聚类模型中，从而将自变量分为数个相关程度较高的小组。结合因子载荷矩阵估计或综合得分计算等方法即可将同一组的自变量映射为一个具有代表性的自变量，从而将全体自变量映射为少数彼此独立的自变量，以此便可提高回归分析的准确程度。

在这种分析方法中，聚类分析直观地画出了自变量的聚合路径，提供了实际意义，从而增加了映射函数的可信性。

6.6 关联与聚类综述：加州极客的聚类分析把妹法

加州极客找女朋友的例子是本章最有趣的例子。这个例子介绍了一个数学博士如何使用统计学的方法从美国的两百万个适婚女青年中找出自己的另一半的完整过程，这个加州极客演示了从把实际问题抽象成数学问题到收集数据、解决问题的整个过程。阅读这个例子，即便学不到关联和聚类的知识，也能学会一些找女朋友的诀窍。

6.6.1 使用大数据寻找另一半

Chris McKinlay 今年 35 岁，他对应用数学非常感兴趣，因此在工作两年后选择重回学校，在加州大学洛杉矶分校攻读数学博士。在与女友分手后，Chris McKinlay 在 OkCupid（一个相亲网站）

上寻找可能的女朋友。在 9 个月的时间内，Chris McKinlay 向几十个女孩子发出了信息，得到了 6 次约会机会，而他只赴了一次约。Chris McKinlay 打算做点什么来改变这种状况，以便尽快找到女朋友。

Chris McKinlay 决定使用基于机器学习的大规模算法来找到自己的另一半。他想，OkCupid 上有成千上百万个女性的资料，单靠人工一个一个浏览，效率实在太低了，必须提高效率。但是并不是说写个算法，给所有洛杉矶附近的女性都发一份自我介绍就行了，万一约自己出去玩的女性自己不喜欢呢？因此这个发送的对象必须有所选择。

> **提示** 在每一个用户注册 OkCupid 时，都需要从题库中选择 350 个问题并回答，这 350 个问题与个人职业、娱乐爱好、观影兴趣和信仰等相关。OkCupid 通过这 350 个问题计算不同用户之间的亲密度，两个用户对这些问题的答案越相近，就说明这两个用户越可能相配。

Chris McKinlay 使用了与自己感兴趣的几百个问题，收集了每个用户对这些问题的回答，也收集了每个人页面上的种族、身高、是否抽烟和星座等数据来筛选未来女友。最终他利用聚类分析把 OkCupid 上所有洛杉矶附近的女性分成了 7 个大类。

Chris McKinlay 查看了这 7 类女性的资料，从中挑选了两类可能会与他有共同话题的女性。然后向这一万多名潜在的女朋友发送了个人简历，有超过 1/3 的人给予了回应。Chris McKinlay 得到了上千个约会机会，他通常每天都有一到两个约会，这和他之前的 9 个月中仅有一次约会的情形相比好了许多，但让人沮丧的是，这些约会大部分仅发生了一次，在最一开始的 55 次约会中仅有 3 个发展到第 2 次约会，发展到第 3 次约会的仅有一个。

到第 88 次约会时，Chris McKinlay 终于遇见了对的人，Christine Tien Wang 是一个迷人的蓝眼睛女性，两人一拍即合，在一年的约会后，Chris McKinlay 向 Christine Tien Wang 求了婚。

Chris McKinlay 使用了超过 4 个月的时间来收集数据、为 OkCupid 上的女用户分类、向潜在的女朋友们发简历、经历 87 次失败的约会，直至遇到他的真命天女。在整个过程中，Chris McKinlay 表现出了一个数学家的思维，再一次证明"一切皆可量化"的数学家信条，展示了大数据的力量。

6.6.2 分成 7 类的潜在女朋友

OkCupid 上总共有 8 万名适婚女青年，Chris McKinlay 一共收集了来自全国各地 2 万名女性的 600 万个问题及其答案。在具体的聚类算法上，Chris McKinlay 选择了贝尔实验室一个名为 K-Modes 的算法。

> K-Modes 算法第一次在 1998 年用于分析生病的豌豆谷物，它使用分类数据并把数据整合堆积。Chris McKinlay 将其进行了修改以便于更适合解决自己的问题。修改后的 K-Modes 算法成功地把 2 万名女性分成了 7 个清晰分离的群。

Chris McKinlay 大概看了一下这些女性的简历，发现在这 7 组女性中，一组年龄太小，两组年龄太大，还有一组是虔诚的基督徒。比较适合的组有两个，A 组的女性年龄偏小，多数是独立的音乐家或艺术家；B 组的年龄偏大，多数是编辑或设计师。

在确定人选后，Chris McKinlay 决定更深入地研究一下这两组女性的特质，以便于做一份更有针对性的简历。Chris McKinlay 阅读了这些女性的简历，发现她们都对数学感兴趣，因此在制作个人简历时 Chris McKinlay 特别突出了自己在数学上的成就。

Chris McKinlay 发送了个人简历给这两组的全部人，很快他便得到了约会的请求。在约会时，Chris McKinlay 交错着同时和两组的女性约会，这些女性所没有反映在 OkCupid 上的其他特质很快显现了出来。A 组中的女性总有两个以上的文身而且住在洛杉矶的东边；B 组中的女性则不成比例地养着她们钟爱的中型犬。有了一定的约会经历后，Chris McKinlay 放弃了与 A 组女性的约会，并最终从 B 组女性中选出了 Christine Tien Wang。

考虑 OkCupid 网站上最流行的 4 个问题，不同类别的女性对这 4 个问题的回答有很大不同。

这 4 个问题分别是你希望你的新恋情最少持续多久？如果你真的很喜欢某个人，交往多久你会和他发生亲密关系？你是否和你的同性朋友发生过亲密关系？基督和上帝在你心中多重要？

> **提示** 按照特质区分，这 7 种女性分别是爱狗者、交友新手、好心肠者、有文身者、基督徒、倾听者和多种多样的人。其中爱狗者和有文身者是 Chris McKinlay 一开始倾心的人群，而最后一类"多种多样的人"则聚集了那些混杂多种特质，不好分类的女性。

爱狗者和有文身者在是否与同性朋友发生过亲密关系的问题上答案是"是，我很享受"或"否，但我想试试"的人占据了全部人的 3/4 以上，同时她们对基督和上帝的态度都倾向于认为这不重要。这两个问题相互关联，不仅爱狗者和有文身者，其他类别的女性在这两个问题上的答案也倾向于有联系，对基督和上帝虔诚的人往往会对与同性朋友发生亲密关系十分抵抗。

导致这二者产生分歧的地方在于前两个问题。对于新恋情，爱狗者希望它能持续"一夜"或"一辈子"，这两种声音几乎占据了全部；有文身者则犹豫不定，但大部分不希望它超过一年。而对于交往多久会发生亲密关系，爱狗者中绝大部分人认为几次约会后就可，没有人认为只能"在结婚后"；有文身者中认为需要"至少 6 次约会"或只能"在结婚后"的人则将近占据了 1/4。而对后两个问题的不同回答与爱狗者年龄大于有文身者的事实也正相吻合。

尽管 Chris McKinlay 通过大数据找女朋友的整个构思可以说是巧夺天工，惊才艳绝，但并不是没有值得改进的地方。例如，就 4 个问题而言，每个单独类别中的女性对每个问题的态度都由至少两种答案组成。

这正说明这 7 类女性中的每一类都还可以拆分为更细致的类别。Chris McKinlay 可以在使用 500 个问题分好 7 类的基础上，将每一类都拿出来使用更具体的问题来进一步分类。例如，对于爱狗者，将爱狗者和其他类别区分开时，4 个问题均起到了作用，但是在将爱狗者进一步细分时，除关于希望新恋情能持续多久的问题外，所有爱狗者对其他 3 个问题的答案均类似，而对于新恋情持续时间的问题则明显分化为一夜或一辈子，根据这个问题，Chris McKinlay 可以进一步将爱狗者分为两类，而 Chris McKinlay 则肯定是想要找希望新恋情持续一辈子的女性。

> **提示**　按照这样的理论，可以在 500 个问题中找出那些爱狗者的回答有明显分歧的问题，从而对爱狗者进行更细致的分类。更细致的分类自然可以提高 Chris McKinlay 的约会效率，也许有了更细致的分类，Chris McKinlay 就不用再忍受那 87 次失败的约会后才最终找到自己的真命天女了。

6.6.3 关联分析与聚类分析小结

关联分析通常用于从大量数据中发现项集之间有趣的关联和相关联系，零售业是关联分析应用最成熟的领域。聚类分析将物理或抽象对象的集合分组为由类似的对象组成的多个类，互联网行业是聚类分析应用最成熟的领域，同时聚类也是重要的人类行为之一。在加州极客的例子中，Chris McKinlay 展示了聚类分析是如何应用于找女朋友的，这个例子体现了聚类分析的应用广泛，不仅是聚类分析，关联分析同样有广泛的应用。笔者了解的一位高校老师曾使用关联分析发现高等代数课程与实变函数课程的关联度非常高，因此要求每个实变函数不好的学生加强对高等代数的学习。

但是加州极客的例子同样体现了聚类分析的缺点。Chris McKinlay 尽管做了许多功课，但他仍不得不接受 87 次失败的约会，也许有人说即便不做这些功课，他仅仅漫无目地在 OkCupid 网站上约上 88 个人见一见，说不定也能碰着个不错的对象。但从概率的角度来说，聚类分析帮助 Chris McKinlay 提高了约会成功的概率，而且更重要的是，聚类分析为 Chris McKinlay 指明了方向，使 Chris McKinlay 更充分地了解自己的未来约会对象，这正是聚类分析的意义所在。

关联分析和聚类分析是应用最广泛的两种数据分析手段。在机器学习、数据挖掘、模式识别、图像分析及生物信息等领域均受到重视，在工商业、媒体产业、互联网行业都有成功的案例。如加州极客的例子所示，收集准确的数据、选择合适的算法是关联分析和聚类分析成功的必要保障。成功的关联分析与聚类分析可以揭示数据的内部结构，掌握数据结构正是制定解决问题方案的必要步骤之一。

第 7 章
决策树与模式识别

决策树是在已知各种情况发生的概率上推断各类情况发生的分类算法，它是所有分类算法中最直观的一种。模式识别则用于对事物现象描述、分类、辨认和解释。这二者都是机器学习和人工智能领域的重要内容，它们同样也需要统计学作为基石。通过本章的案例，读者可以学习到决策树和模式识别是如何用来解决实际问题的，以及统计学和数据分析又是如何在其中起到作用的。

本章主要涉及的知识点

- C4.5 算法：电信客户流失预测
- 自组织神经网络：最优路径和旅行商问题
- 贝叶斯决策：神奇的谷歌智能翻译
- 支持向量机：应用广泛的手写识别与语音识别
- 判别分析：电信行业构建客户流失模型
- 模式识别综述：日趋成熟的信用评分模型

7.1 C4.5算法：电信客户流失预测

计算机科学博士罗斯·昆兰在 1975 年提出了世界上第一个决策树算法：ID3 算法，并在之后将 ID3 算法改进为如今最流行的决策树算法之一的 C4.5 算法。本节通过电信客户流失预测的案例介绍了如下 3 个知识点：什么情况下使用决策树、决策树的基本原理，以及决策树分析结果的解释。掌握这些知识点有利于读者完全掌握决策树，并了解更多决策树应用的场景。

7.1.1 电信客户的流失与预测

自从 2004 年电信市场开放以来，中国电信市场进入竞争阶段，如今，较大的电信公司有中国电信、中国联通和中国移动，较小的电信公司则有中国网通、中国吉通和中国铁通。尽管这 6 个公司把持了市场的绝大部分份额，但在这 6 个公司之间仍旧存在着激烈的竞争。

随着智能手机的普及，国内没有使用移动通信设备的人变得日渐稀少，因此对于电信公司来说，找到那些之前没有使用电信服务的客户是很困难的，将其他公司的客户变为自己公司的客户同样是个棘手的任务。据统计，发展一个新客户的营销成本是维持一个旧客户营销成本的 5~15 倍，同时老客户也更愿意为公司做宣传，带来新的客户。因此，留住旧客户、降低客户流失率在电信行业是一个十分重要的任务。

> 电信公司之间存在激烈的竞争，它们对客户的争夺导致客户越来越容易流失，对于电信公司来说，发现流失客户的特征，找出客户流失的因素，进而针对有流失意向的客户尽早制定营销计划是降低客户流失率的重要保障之一。

随着电信公司对客户数据收集的日益完善，电信公司对自己的客户也越来越了解，这为找出有流失意向的客户提供了保障。

在研究客户流失预测过程中，决策树是应用最广的算法。其中有两个原因：第一，在有关电信客户的数据中，性别、年龄、受教育程度、工作状况和是否租用设备等离散型变量居多，决策树擅长处理这些离散型变量；第二，决策树具有直观、易于理解的优点，使用决策树进行分析，电信公司可以轻易地识别出影响客户流失的变量。因此决策树给出的结果不仅可以找出有流失意向的客户，同样可以指导电信公司制定有针对性的营销计划。

7.1.2 使用信息熵建立决策树模型

在研究客户流失预测问题时，可以利用的客户属性有在网月数、本月话费、是否租用设备、是否开通网络、是否开通 IP 电话、年龄、现地址居住时间、受教育程度和是否开通语音信箱等 20 多个变量。为了研究决策树的构建规则，首先来看一看最简单的决策树是什么样的。

在图 7.1 中，决策树模型使用了在网月数和是否租用设备两个属性，其中在网月数是连续型变量，把它分成了 [0.99,24.67)、[24.67,53.07) 及大于 53.07 三个类别。决策树中表示判断条件的节点称为决策节点，例如，"在网月数"节点和"是否租用设备"节点；表示判断结果的节点称为终节点，例如，"流失"节点和"未流失"节点。

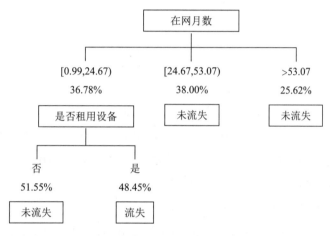

图 7.1 简单的客户流失预测决策树

使用决策树时，需要预先统计出各个属性中各种类别的百分比，以及每个类别所对应的流失与否的状态。例如，所有客户中在网月数大于 53.07 的客户为 25.62%，其中大部分都未流失。

> **提示** 根据图 7.1，在所有客户中，在网月数大于 24.67 的客户均不会流失；在网月数小于 24.67，并且没有租用设备的客户也不会流失；否则客户会流失。首先判断在网月数，其次判断是否租用设备，这就是一个简单的决策树了。

了解了决策树的构造后，很容易引出下面一个问题：如何确定判断条件的顺序呢？例如，图 7.1 中，为什么先判断在网月数，后判断是否租用设备呢？判断顺序反过来可以吗？当判断条件非常少时，判断顺序不太重要，但是像电信客户流失预测这样的，有 20 多个属性需要判断的问题，确定判断条件的顺序就非常重要了。

表 7.1 给出了决策树模型的数据来源。

表 7.1 决策树模型的数据来源

在网月数	是否租用设备	是否流失
[0.99,24.67)	是	流失（17.81%）
[24.67,53.07)	是	未流失（0.00%）

续表

在网月数	是否租用设备	是否流失
> 53.07	是	未流失（0.00%）
[0.99,24.67)	否	未流失（18.96%）
[24.67,53.07)	否	未流失（38.00%）
> 53.07	否	未流失（25.62%）

为了确定判断顺序，首先需要计算每个条件的信息熵。计算熵的公式为

$$E = \text{sum}(-p(I) \times \log_2(p(I)))$$

式中，$p(I)$ 为流失或不流失的可能概率。由图 7.1 可知，在网月数大于 24.67 的客户中，客户均未租用设备，且均未流失。那么对于没有租用设备的客户来说，客户均未流失；对于租用了设备的客户来说，有 $0.4845 \times 0.3678 = 0.1781$ 的客户流失了，其他 0.8219 的客户没有流失。

根据公式，租用设备的熵为 $-1 \times \log_2(1) - 0 \times \log_2(0) = 0$。

未租用设备的熵为 $-0.1781 \times \log_2(0.1781) - 0.8219 \times \log_2(0.8219) = 0.6736$。

在网月数大于 53.07 的熵为 $-1 \times \log_2(1) - 0 \times \log_2(0) = 0$；在网月数大于 24.67，小于 53.07 的熵也为 $-1 \times \log_2(1) - 0 \times \log_2(0) = 0$。

在网月数小于 24.67 的熵为 $-0.5155 \times \log_2(0.5155) - 0.4845 \times \log_2(0.4845) = 1.0036$。

通过每个属性的全部分类的熵可以计算该属性的信息增益。计算信息增益的公式为

$$\text{Gain} = E(s) - \text{sum}\left(\frac{s(v)}{s} \times E(s(v))\right)$$

式中，$s(v)$ 为每种分类的比例，如是否租用设备等即可分为两个分类。按照信息增益计算公式，可知在网月数的信息增益为 $1 - 0.3678 \times 1.0036 - 0.6322 \times 0 = 0.6308$，是否租用设备的信息增益为 $1 - (0.5155 \times 0.3678 + 0.6322) \times 0.6736 - 0.4845 \times 0.3678 \times 0 = 0.4465$。

> **提示** 比较两者的信息增益，可知在网月数的信息增益大于是否租用设备的信息增益。故在网月数属性的重要性要大于是否租用设备，应先判断在网月数，后判断是否租用设备。

7.1.3 为一个决策树剪枝并解释其规则

根据信息熵判断法，可得全部变量分类重要性排列，如表 7.2 所示。

表 7.2 变量分类重要性排列

变量名称	重要性	变量名称	重要性
在网月数	100.00	语音信箱	12.69

续表

变量名称	重要性	变量名称	重要性
本月话费	85.15	工作状态	11.09
是否租设备	79.70	是否开通无线电话	10.35
是否使用网络	63.59	是否开通呼叫等待	6.58
是否开通IP电话	55.03	是否开通来电显示	1.31
年龄	49.23	是否开通呼叫转移	0.72
现地址居住时间	43.18	婚姻状况	0.64
受教育程度	33.05	性别	0.27

在表 7.2 中，罗列了 16 个较为重要的变量的重要性，将这些变量的信息增益按照比例折合，以此表示每个变量的重要性。其中前 8 个变量明显较为重要，这 8 个变量按照顺序依次判断，可以画出一个类似图 7.1 的巨大决策树，这个决策树最终会有一个"在网月数"节点；"在网月数"向下有 3 条分支，延伸出 3 个"本月话费"节点（分为小于 30.60，大于 30.60 小于 48.96，大于 48.96 三个阶段）；每个"本月话费"均向下延伸出 3 个分支，总共 9 个"是否租用设备"节点，等等。以此类推，最终会有 3×3×2×2×2×3×3×5 = 3240 个节点，并最终得到 3240 个"流失"或"未流失"的结果。

在这 3240 个最终判断结果中，并不是所有的结果都是合理的，有些条件组合起来对于流失与否的判断并不明晰，而且 3240 个结果也着实划分的太细了。因此，必须去除一些决策节点以保持决策树的实用性，这个过程也称为决策树剪枝。剪枝时应只剪去结果不太可信的分支，同时由于我们感兴趣的是流失客户的特征，因此分支结果为未流失的枝条同样也要剪去。此外，条件限制出的客户数量非常少，全部客户中仅有千万分之几满足该条件的分支同样没有研究的必要。

表 7.3 列出了将决策树剪枝后，5 条最可信的客户流失规则，观察这 5 条规则，可以发现每条规则都使用了 4 个判断条件，这些判断条件并不完全相同，这正是决策树的灵活之处。

表 7.3　5 条最可信的客户流失规则

规则序号	条件	结果
规则 1	在网月数大于 53.07，未开通来电显示，开通无线电话，并且受教育程度在小学以下	客户流失，可信度 100%
规则 2	在网月数大于 53.07，未开通来电显示，开通无线电话，并且受教育程度为本科生	客户流失，可信度 100%
规则 3	在网月数大于 24.67 小于 53.07，使用租用设备，未开通 IP 电话，受教育程度为本科生	客户流失，可信度 83.33%
规则 4	在网月数小于 24.67，本月话费大于 6.11 小于 30.60，开通网络，没有退休	客户流失，可信度 80.00%

续表

规则序号	条件	结果
规则 5	在网月数小于 24.67，使用租用设备，开通网络，现地址居住时间大于 3.53 小于 9.87	客户流失，可信度 76.85%

在预测电信客户流失的案例中，总共可以归纳出十几条有用的规则，这些规则共同指导了营销策略的制定。

规则 1 显示，受教育程度较低的客户在使用某电信公司的服务四五年后很可能会流失，因此应在这类客户使用服务两三年后给予其一定的优惠，以此降低这一部分客户的流失率。

规则 2 和规则 3 同样显示本科生在使用某电信公司的服务几年后很可能会流失，但是这一部分客户流失的原因在于本科生经历 4 年的学业生涯后，为了工作将难以避免地面临换城市、换手机号的情况，因此对这部分客户应大力宣传某电信公司的各项优势，以此吸引这些客户再次使用某电信公司的服务。

规则 4 则从本月话费处显示出，一部分使用某电信公司的服务时间短于两年，每月话费极少的客户很容易流失，对这部分客户大力宣传物美价廉的套餐服务想必会吸引这些客户增加消费，以此降低流失率。

规则 5 与规则 2、3 一样，客户流失是因为环境的改变，对这部分客户同样应该宣传某电信公司的各项优势，吸引这些客户再次使用某电信公司的服务。

电信公司使用决策树能够预警客户流失，分析客户流失原因，指导各种营销策略的实施，以此减少客户流失。但挽留客户并不是仅分析数据就够了，做好回访工作、访查客户情况，满足客户需求，这些同样是降低客户流失率的必要手段。数据分析只有与实际工作结合起来，才有其存在的意义。

7.1.4 决策树小结

决策树是一个预测模型，它代表的是对象属性与对象值之间的一种映射关系。树中每个节点表示某个对象，而每个分叉路径则代表某个可能的属性值，每个叶节点则对应从根节点到该叶节点所经历的路径所表示的对象的值。

决策树是数据挖掘分类算法中的一个重要算法，它有两个明显的优点：一个是决策树模型可读性好，具有描述性，有助于人工分析；另一个是决策树的效率非常高，只需要一次构建就可以反复使用，每一次预测的最大计算次数不超过决策树的深度。

决策树同样有其局限性，它仅能产生单一输出，如果想要复数输出，只能建立独立的决策树以处理不同输出。同时，决策数是一种贪心算法，它在每一步都达到最优，但是最终的结果却未必是最优的。例如，在60%的概率下客户会开通网络，40%的概率下客户不会开通网络；开通网络后客户流失的概率为50%，不开通网络时客户流失的概率为100%。那么纵观整个过程，开通网络、客户流失的总概率为30%；不开通网络、客户流失的总概率为40%，因此应当更关心不开通网络的客户。但是在决策树中，当决策树看到不开通网络的可能仅为40%时，决策树将直接跳过不开通网络的可能。为了解决这一局限，使用决策树时，要求其遍历整棵树是最好的选择。

决策树可以用于解决分类和预测的问题，同样可以用于挑选方案。例如，在6.6节加州极客找女朋友的例子中，同样可以使用所有女性回答的500个问题构建一个庞大的决策树，仅挑选回答特定答案的人。将每个女性都看作一个商业方案，决策树就完成了挑选方案的任务。

> **提示** 决策树善于处理各类离散型变量，同时也可以处理连续型变量。对于决策树来说，数据的准备往往是简单或是不必要的。决策树的结果不但易于解释，同样也易于通过静态测试来对模型进行评测。正是由于这些优点，使得决策树在工业、商业、互联网行业及公共事业上均有抢眼表现。

7.2 自组织神经网络：最优路径和旅行商问题

如今流行的神经网络算法有几十种，既有有监督的预测型神经网络，又有无监督的分类型神经网络，这几十种神经网络从学习模式和工作目的两方面完善了神经网络的体系结构。本节以最优路径问题为依托讨论了自组织神经网络的思想原理和应用场景。

7.2.1 旅行商问题的定义

旅行商问题是机器学习和人工智能中的一个典型问题：设有一个旅行商需要将货物送到n个城市中去，已知所有城市的坐标及它们之间的相互距离，且从出发城市出发后，每个城市只经过一次即回到出发城市，问最短路径是什么？

对于以旅行商问题为代表的最优路径问题来说，常用的算法有Dijkstra算法、Bellman-Ford算法、Floyd算法和SPFA算法。它们的本质思想是枚举法，即将所有的路径都算出来，从中求得最短的路径。使用公式可将路径总数和城市个数表示为$R = \dfrac{1}{2n}\sqrt{2\pi n}e^{n(\ln n - 1)}$，可以看出，随着城市个数$n$的增加，路径总数$R$会急速增长，因此这种算法仅能很好地解决城市个数较少的问题。

> **提示** 为了能解决较复杂的最优路径问题,可以使用自组织神经网络。使神经网络对特定的模式产生特定的兴奋方式,最终将兴奋方式相似的神经元聚集到一起,这种与人脑中神经元排列十分相似的方法就是自组织神经网络。

最优路径问题常见于城市规划问题中,政府如何合理规划道路、快递司机如何合理安排物流,以及互联网如何更好地安排运营节点,这些都是典型的最优路径问题,全球人口的增加、资源的消耗迫使我们必须尽快找到解决方法,而自组织神经网络正是一个很好的选择。

与自组织神经网络相对应的是 RBF(径向基函数)神经网络,这种网络可解决的一类典型问题是房价的预测。影响房价的因素有房产所属区域、所在楼层、面积、朝向、房龄和装修等连续或离散的因素。这些因素与房价的关系往往是非线性的、不明显的,很难将这些因素与房价之间的关系归纳为一个清晰明了的数学公式。传统的线性回归分析等预测方法对房价评估不再适用。

但是价格评估是房地产市场的重要组成部分之一,规范房地产市场将不可避免地遇到价格评估的问题。为了统一标准,人们在线性回归的基础上发明出了现金流量法、长期趋势法、剩余法和收益还原法等各种评估方法。这些方法具有复杂的模型,但究其根本,仍是将非线性的价格评估问题视为线性问题处理,因此难免具有很大的局限性。

由于传统方法的局限性,因此我们需要找到更适合非线性问题的新方法。在近年来发展并完善的新方法中,RBF 神经网络可以将复杂的非线性关系映射为简单的线性关系,也擅长处理非常规型的数学模型和公式。这些优点使得神经网络在非线性问题的处理上表现出无可比拟的优势。

除二手房价格评估外,RBF 神经网络同样可以用于处理人脸识别、字符识别、医学诊断、跑马赛预测和机器人导航等多种非常规的、难以用具体数学模型概括的问题。在这些运用场合中,神经网络所拟合的模型也同样展示了相对良好的预测能力。

7.2.2 构建自组织神经网络并加以调整

自组织神经网络结构能够解决涉及上千个地点的最优路径问题,为了便于表述,仅研究 10 个地点以内的最优路径。这 10 个地点不需要标注类别,神经网络会自动训练出它们的类别,从而设计最佳路线。

自组织神经网络中包含两部分,即输入层和竞争层,其中竞争层既担负了训练算法的工作,又担负了输出结果的工作。输入层包含的神经元与问题中的变量一一对应,例如,旅行商问题中,输入层含有两个神经元,分别向神经网络中输入城市的 X 坐标和 Y 坐标。

竞争层的神经元则代表了分类结果,一种城市分布模式出现时,竞争层就有一个对应的神经元兴奋。因此,竞争层中每一个神经元都对应一种模式,这一层的神经元个数是人为设置的,个数过少会使一些不同模式混杂在一起;个数过多则会出现死神经元,哪种模式出现时都不兴奋。一般来说，应先尽量将竞争层神经元个数设置得多一些，然后再逐渐减少直至找到最佳个数。这与感知器神经网络中由少到多的测试神经元个数的方法是相反的。

图 7.2 画出了这种学习规则。

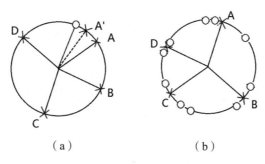

图 7.2　胜者为王学习规则

有监督学习的神经网络和无监督学习的神经网络的最大不同是学习规则的不同。

> **提示**　在有监督学习中，由于样本对应的结果是已知的，因此只需计算结果值和实际值的误差即可进行纠正学习。但是在无监督学习中，样本并没有已知的分类结果，因此需要将样本和神经元转化成同一类型的数据来比较。

如图 7.2 所示，旅行商问题中输入层的神经元有两个，因此在二维图形中可以形象地表达学习规则工作的过程。首先将坐标数据全部归一化，使它们都落在如图 7.2（a）所示图形中的圆上，假设设置了 4 个竞争神经元。将输入层神经元映射到竞争层神经元的方法与有监督神经网络并无不同，图 7.2（a）中 4 条末尾为"X"的直线代表了 4 个映射函数计算得到的竞争层神经元输出结果，这些函数的参数在一开始都是随机设置的。

首先向神经网络中输入一个样本坐标，并将它画在图上，使用圆圈表示。学习规则会计算神经元和样本的距离，并找到离样本最近的神经元，可以使用马氏距离、欧氏距离、概率密度和皮尔逊相关等各种距离公式计算。很明显，此时离圆圈最近的是神经元 A，称为神经元 A 胜出了。

胜出的神经元将得到改变权重的权力，通过调整函数的参数，神经元 A 移动到了 A' 的位置，离样本点更近了。这样，当再次出现和这个样本相似的样本时，神经元 A 会更加容易胜出，并最终落到这一模式样本的中心。同理，其他神经元也会逐渐落到不同的样本类中心，最终形成图 7.2(b)。

弄清楚每一个神经元是如何训练的后，关注点就要转移到神经网络的拓扑结构了。自组织神经网络由输入层和竞争层组成，它们可形成一维线阵、二维平面阵和三维栅格阵等拓扑结构。图 7.3 所示是一个典型的二维平面阵结构，其中输入层有两个神经元，居于下方；竞争层有 9 个神经元，分 3 行 3 列排列，形成一个平面结构。通过增加竞争层的维数，可以使神经网络的深度增加，从而形成深度学习的效果。

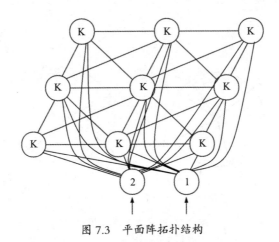

图 7.3　平面阵拓扑结构

在旅行商问题中，将竞争层设计成环形结构，并设置 10 个竞争层神经元，通过学习，使 10 个神经元和 10 个城市形成一一对应的关系，由于神经网络在训练时会将兴奋模式相似的神经元放在一起，因此神经网络训练完毕后邻近的神经元所对应的城市即为距离较近的城市。

7.2.3　两类神经网络小结

神经网络有广泛的适应能力和学习能力，在非线性预测系统中得到了广泛的应用。RBF 神经网络是应用最为广泛的神经网络之一，它能逼近任意的非线性函数，可以处理难以写出方程式的函数，并有很快的学习速度。

本节介绍了自组织神经网络的生物原理、拓扑结构和无监督的学习规则。自组织神经网络将网络切割为一个个很小的部分，每一部分对应一种模式，这种结构使自组织神经网络在分析比较、寻找规律和正确归类等方面具有特殊的优势。

> **提示**　自组织神经网络中最重要的部分在于设计神经元个数和神经元排列方式。使用由多至少实验神经元个数的方法确定神经元的个数，而神经元排列方式的选择则从问题本身出发，确定最佳的方式。

例如，本节所介绍的旅行商问题适合二维平面结构，二维平面结构满足了计算的复杂度，同时提供了良好的可视效果。而机器人手臂控制运动中，由于计算复杂，三维栅格结构更适合一些。总的来说，越复杂的问题需要越深的学习深度、越高的维度结构。

除最优路径问题和机器人手臂控制运动外，自组织神经网络还可以用于解决其他经典的人工智能问题，例如，识别手写字母、为商品分类、训练工厂的自动控制系统和根据卫星图片预测天气等。与自组织神经网络相似的还有将竞争层和输出层分开的 CPN（对偶传播）神经网络、引入有监督学习的 LVQ（学习向量量化）神经网络等，它们一起构成一个大家族，联合解决各种疑难问题。

RBF 神经网络是另一种具有代表性的神经网络，它由 3 个层面组成：输入层、隐含层和输出层。其中输入层连接了外界和神经网络算法，隐含层用于神经网络的实际计算，输出层则向外界输出最终结果。

在图 7.4 中，神经网络的 3 个层面按照顺序依次展示。输入层处于最左侧，由小方块代表。

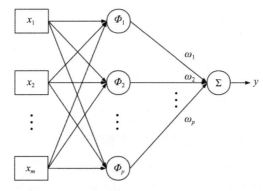

输入层大小为 m　　隐藏层大小为 p

图 7.4　RBF 神经网络模型图

图 7.4 中的输入层共有 m 个 x，其中每一个 x 均代表一个变量。例如，在二手房价格评估的案例中，使用的变量有区域、楼层、面积、朝向、学区评分、升值潜力和环境评分等，那么输入层中每一个 x 都对应一个变量。隐含层共有 p 个 Φ，每一个 Φ 均称为一个中心，每一个中心都是由 m 个 x 经过不同的非线性变换得到的。例如，对于 $\Phi = x_1 + x_2(x_3 + x_4)$ 来说，它涉及了二次变换，这就是一个非线性变换。

最常见的变换函数是高斯函数：$\Phi_i = \exp\left(-\dfrac{\|\boldsymbol{x} - x_i\|^2}{2\delta_i^2}\right)$，其中 $\boldsymbol{x}$ 为由 m 个 x 代表的 m 维向量；x_i 为 m 维空间中的一个中心点，同样由 m 个数字表示；δ_i 为函数的宽度。高斯函数的除式首先对 $\boldsymbol{x}$ 和 x_i 的欧氏距离求平方，再对函数的宽度求平方并乘以 2。二者相除后取负数，并将其作为指数函数数的幂。

每一个 Φ 的中心点都不一样，因此每一个 Φ 的值也不一样。神经网络的最终结果准确与否，很大程度上取决于 p 个中心点是否取得合理。

确定了中心点的位置后即可算出 p 个 Φ 的值，根据公式：$y = \sum\limits_{i=1}^{p} \omega_i \Phi_i$ 即可得到加权求和后的输出。在神经网络中，权重 ω_i 是随机的，训练数据将样本输入后，神经网络算法随机设定权重并计算得到输出，即预测价格。算法随即根据预测价格和真实价格的误差调整权重，并重新计算预测价格，经过多次调整后，最终得到合理权重。

> **提示** 输入层与输出层都是确定的，而隐含层中心的个数与最终预测结果的正确性有直接关系。通常隐含层中心个数越多，训练结果越准确，但当隐含层中心的个数足够多时，增多隐含层中心的个数不再改善训练结果，反而会降低算法运行的速度。隐含层中心数一般取变量个数的两倍以上，5倍以下。

7.3 贝叶斯决策：神奇的谷歌智能翻译

"我每开除一名语言学家，我的语言识别系统的错误率就下降一个百分点。"创建了 CSLP 实验室（世界著名的语音语言处理中心）的贾里尼克曾感慨万千地说出这样一句话。这句话一针见血地说明了在智能翻译领域，人类语言学所起的作用是多么薄弱。事实上，世界上绝大多数翻译系统依赖的都是统计翻译模型而非人类语言学。本节将介绍贝叶斯决策是如何在智能翻译领域起作用的。

7.3.1 谷歌翻译

近年来随着全球经济的日益密切，越来越多的公司需要同外国人打交道，这带来了对翻译服务的巨大需求，不仅是人工翻译，在学习、阅读、交流等方面，民众对于智能翻译的需求更加迫切。如今，网上购物、网上搜索、社交和翻译已成为需求最旺盛的 4 项服务。自 2011 年以来，互联网翻译次数每年都有超过 10% 的增长。人们越来越习惯使用各大翻译系统提供的翻译服务，不仅在计算机端如此，手机端也同样爆发出对翻译服务的巨大需求。

根据有道翻译数据显示，在手机端，有 93% 的翻译内容是小于 50 个词的内容；在计算机端，则有 74% 的翻译内容是小于 50 个词的内容。这与手机输入较长内容并不方便有关，但这也同时反映出对翻译有需求的多是一些短句。翻译方向方面，在手机端，中译英的比例是 60%；在计算机端，中译英的比例是 45%。这个反差体现了在手机端，用户追求的是从中文到英文的表达需要；在计算机端，用户追求的则是从英文到中文的阅读需要。以上两组数字具体的表明，如今翻译服务已经走进了每个人的身边，是大家所接受的常规服务之一，一个翻译质量优秀的翻译软件正是所有人都希望出现的。

谷歌翻译是谷歌公司推出的一项免费服务。众所周知，谷歌公司以其浓厚的工程师文化称誉世界。基于人们对谷歌公司算法的信任，谷歌公司推出的翻译服务一经推出即拥有了数亿个用户。随着用户对翻译软件的要求越来越高，谷歌翻译部门扩招的结果是谷歌翻译公司从德国引入了数名计算机科学家，其中 Franz Josef Och 成为谷歌翻译部门的主管。与 CSLP 实验室不谋而合的是，这个部门一个语言学家也没有。

尽管谷歌翻译部门一个语言学家也没有，全部门中找不出一个懂印度语的人，但谷歌翻译部门仍然能够解决印度语与其他语言的翻译问题。事实上，语法规则对目前的计算机来说仍然难以掌控，因此谷歌没有，也没办法使用类似人工翻译的方法来解决智能翻译的问题。

 谷歌从大数据和统计的方式入手，建立了一套以贝叶斯分析为核心的统计翻译系统。这个翻译系统会不断地调整翻译结果的相关性并自我学习如何处理数十亿的文字。通过这种方式，计算机最终能不断优化翻译结果。

如今谷歌翻译是全球排名第一的翻译系统，它每年接受两亿次以上的翻译请求，并将翻译系统拓展到更多的应用中。本节将着重讲解什么是贝叶斯方法，以及贝叶斯方法的具体应用。

7.3.2 贝叶斯方法和智能翻译应用

人类的大脑是一个极其精密复杂的器官，其中含有许多的神经元，这些神经元共同工作，使我们能够学习语言、使用语言思考，以及与他人交流。对于人类来说，学习语言更多的是学习语法结构，但语言的语法结构实在是太多了，计算机很难将所有的语法结构全部学会。因此计算机对人类语言的翻译工作和人类对人类语言的翻译工作是完全不同的两个流程。

在图 7.5 中，统计机器翻译的工作流程被完整地展示了出来。当一个翻译请求被输入至谷歌翻译中时，谷歌翻译首先需要对其进行分词工作。分词工作就是把一个完整的句子分成一个一个单独的词语。错误的分词方式将导致后续工作全都没有意义，因此分词工作最重要的就是找到正确的分词方法。兼类处理用于找出与各个单独词语相似的词，以及它们的译语。找到每个单独词语的译语后还需要分析译语的词组性质和组句性质，以便于生成最后的译语。

图 7.5 统计机器翻译的工作流程

在统计机器翻译的工作流程中，从头到尾均需要用到贝叶斯公式。以分词处理为例，如"我在南京市长江大桥等你"这句话就可以分为"我、在、南京市、长江、大桥、等、你"共 7 个词语。

但是这一句话也同样可以分为"我、在、南京、市长、江大桥、等、你"共7个词语。后一种分词方法显然是错误的。

> **提示** 在分词工作中,如果仅按照顺序进行机械地切分,而不考虑整体,那么上述错误是在所难免的。而贝叶斯分析则可以较为完美地避免这种错误。

贝叶斯分析的核心是贝叶斯公式。下面以下雨湿草地的例子来了解贝叶斯公式的工作原理。假设已知某一地区阴天的概率是 0.5;在阴天的情况下,下雨的概率是 0.8;在不阴天的情况下,下雨的概率是 0.1;在阴天的情况下,开喷水器的概率是 0.1;在不阴天的情况下,开喷水器的概率是 0.5;在又开喷水器又下雨的情况下,草地变湿的概率是 0.95;在不开喷水器但下雨的情况下,草地变湿的概率是 0.90;在开着喷水器但不下雨的情况下,草地变湿的概率是 0.90;在没下雨也没开喷水器的情况下,草地变湿的概率是 0.10。

那么请问在草地变湿时,下雨的概率有多大?阴天的概率有多大?

图 7.6 将下雨湿草地问题画了出来,其中 C 代表阴天,R 代表下雨,S 代表喷水器,W 代表湿草地。

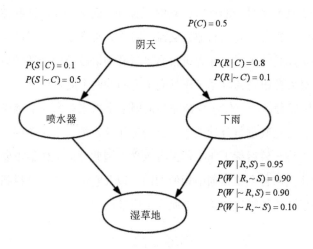

图 7.6 下雨湿草地的贝叶斯问题模型

草地变湿时下雨的概率可以表示为 $P(R|W)$,由于 $P(R|W) \times P(W) = P(W|R) \times P(R) = P(WR)$,那么可以得到贝叶斯公式:$P(R|W) = \dfrac{P(W|R) \times P(R)}{P(W)}$。

又因为 $P(RS) + P(R \sim S) = P(R)$,因此 $P(R) = P(R|S) \times P(S) + P(R|\sim S) \times P(\sim S)$,同理,也可以求得 $P(W)$ 的值。因此在知道下雨时草地变湿的概率后,就可以利用贝叶斯公式轻易地求得草地变湿时下雨的概率。

已知下雨时草地变湿的概率去求草地变湿时下雨的概率,这一步仅用到一次贝叶斯公式。倘若连续使用几次贝叶斯公式,则构成一个贝叶斯网络。

> 例如，根据开喷水器时草地变湿的概率去求草地变湿时开喷水器的概率，再根据阴天时开喷水器、下雨的各自概率去求开喷水器、下雨时各自的阴天概率。这样通过4次贝叶斯公式的运算，即可算得草地变湿时阴天的概率。这就是一个贝叶斯网络。

贝叶斯公式的强大之处在于知道 A 事件发生时 B 事件发生的概率，即可求得 B 事件发生时 A 事件发生的概率。例如，在翻译系统中，知道"南京市""长江"和"大桥"3个单词可以组成"南京市长江大桥"这个短语，但令人更感兴趣的是"南京市长江大桥"是否能拆成"南京市""长江"和"大桥"3个单词。

使用贝叶斯公式能够成功解决这个问题。令"南京市长江大桥"出现的概率为 X，"南京市""长江""大桥"出现的概率为 Y，那么已知的就是 $P(X|Y)$，感兴趣的就是 $P(Y|X)$，根据贝叶斯公式可知，$P(Y|X)$ 与 $P(Y) \times P(X|Y)$ 成正比。由于我们希望 $P(Y|X)$ 尽量大，因此 $P(Y)$ 应尽量大。即"南京市""长江""大桥"等词语出现的概率应尽量大。同时由于"江大桥"这个单词出现的概率太小了，因此"南京""市长""江大桥"单词组合出现的概率就小于"南京市""长江""大桥"单词组合。最终"南京市长江大桥"就被切割为"南京市、长江、大桥"。用通俗的语言概括地说，因为"江大桥"是个没人使用的词语，更常出现的词语是"长江"和"大桥"，因此"南京市长江大桥"被分成"南京市、长江、大桥"是正确的做法。

贝叶斯分析除能分词外，同样能处理词组分析和句子分析的任务。它可以通过贝叶斯网络挑选出那些出现最频繁的、可能最正确的句子和词组。将一些单独的外文单词组合为正确概率最大的外文句子，这就是完整的翻译流程。这一点也许听上去很不可思议，谷歌的翻译系统竟然仅依靠几个词语出现的概率便可以完成整个翻译工作。但只要语料库足够大，贝叶斯分析可以展现惊人的精准力。对于谷歌翻译来说，每天上亿次的搜索请求可以给贝叶斯算法提供足够充分的语料库，在如此庞大的语料库的支持下，谷歌翻译自然可以表现良好了。

7.3.3 贝叶斯决策小结

贝叶斯分析方法提供了一种计算假设概率的方法，这种方法是基于假设的先验概率、给定假设下观察到不同数据的概率及观察到的数据本身而得出的。统计机器翻译是使贝叶斯分析得以闻名遐迩的成就之一，但贝叶斯分析绝不仅只有这一个应用。

垃圾邮件过滤是贝叶斯分析的成熟应用之一。垃圾邮件中"销售""购买""购物网站"等这些词语出现的概率非常高，但令人感兴趣的是"销售""购买""购物网站"这些词语出现概率很高的邮件是否一封垃圾邮件。贝叶斯分析就是通过为一份邮件分词，统计其中的高频词语，并根据高频词语的属性判断一份邮件的属性。构建了判断邮件属性的算法后，垃圾邮件过滤系统自然就可以成功构建了。

图像识别同样是贝叶斯分析的一大应用领域。贝叶斯分析可以识别的图形包括手写文字、3D图像等。贝叶斯分析首先提取图形的边角特征，然后使用这些特征从简单到复杂地构建高层概念，然后使用一个自顶向下的贝叶斯验证来比较到底哪个概念最佳地解释了观察到的图像。贝叶斯分析对图像识别的应用同样可以用于分析语音语言资料。

贝叶斯分析最奇特的一个应用是搜寻工作。早在第二次世界大战期间，贝叶斯分析就用来定位德国潜艇。在马航失联事件中，贝叶斯分析同样也用于搜寻失踪的飞机。搜寻人员最初从一个预先的假设分布开始，对飞机可能坠毁的大片区域赋予相等权重，然后每当新的证据出现时，就通过贝叶斯方法刷新假设。例如，搜寻人员在某区域发现一片飞机残骸，该区域及邻近区域的权重即被提高。

> **提示** 贝叶斯分析的应用举不胜举，例如，谷歌在无人驾驶汽车中也使用了贝叶斯系统，贝叶斯模型还被 Autoonomy、Netflix 等公司用于预测及分类。

7.4 支持向量机：应用广泛的手写识别与语音识别

手写识别和语音识别是典型的模式识别问题，与手写识别、语音识别类似的还有人脸识别等。神经网络和贝叶斯决策都可以很好地处理这类识别问题。但是在这类问题上，支持向量机却是准确率最高的算法。本节具体介绍了手写识别和语音识别的广泛应用，同时也深入浅出地阐述了支持向量机的原理和算法。

7.4.1 从阿里巴巴说起的模式识别

先人早在创造阿里巴巴和四十大盗的故事时，就已经有了语音识别的概念。阿里巴巴在石门外高喊一声"芝麻开门"，石门便应声而开；阿里巴巴在石门外高喊一声"芝麻关门"，石门便应声而关。这不就是最典型的语音识别的应用吗？

在许多关于未来的科幻片中，有许多先进的高科技。其中最普及的一项就是个人识别门禁卡。这个与阿里巴巴的故事中的门禁类似，只不过在科幻片中，可以识别的不仅是语音，还有人脸识别、虹膜识别等。这些应用都是模式识别的典型应用，而这些应用在今天都一点一点地实现了。

以语音识别为例，智能翻译系统使得不同种族的人可以更加方便地交流，而语音识别系统则在人类与机器之间构建起沟通的桥梁。早在 2003 年，Word 便推出了语音识别服务，用户可以通过麦克风向 Word 文档下达指令，让它"创建一个新文档"或"添加 3 行表格"；汉王阅读器也为用户提供"听写器"服务，用户只需要在较为安静的地方对着麦克风诵读，汉王便可以将用户的语言转化为文档加以储存（像不像哈利波特的魔法？）；谷歌公司则将语音识别技术与智能翻译结合起来，例如，一个中国人使用带有谷歌翻译软件的手机给一个美国人打电话，这个中国人讲的中文将自动翻译成英文给美国人听，机器所翻译出来的英语甚至还有语调。

而手写识别的应用更为成熟。如今几乎所有的输入法都推出了手写输入，即在触摸屏上写出汉字后，输入法会自动匹配出正确的字来。这种应用如此广泛，不知道你在见到它时有没有意识到这其实是模式识别的一种呢？谷歌也同样将图像识别与智能翻译结合起来，用户只需要将见到的文字拍下来（例如，广告牌上的英文标题），谷歌翻译便可以识别出图片上的文字，并将其翻译为另一语种。

语音识别、手写识别、图像识别和人脸识别等识别问题是最典型的模式识别问题，可以说模式识别领域正是从这些分类问题中发展起来的。从对未来世界的展望中，可知语音识别等技术只会有越来越大的市场需求，而不会发生技术难以落地的情况。

与巨大的市场需求相对应的是高技术门槛和高投资需要，一个识别系统的成熟需要海量数据和高数据处理能力的双重推动。在语音识别等问题上，神经网络和贝叶斯分析需要大量的先验知识，同时神经网络缺乏理论支持，它推出的结果往往是局部最优而非全局最优。支持向量机解决了这些问题，因此支持向量机是模式识别非常重要的组成内容之一。

7.4.2 解决了高维诅咒的支持向量机

手写识别与语音识别的处理过程类似，其中语音识别与手写识别相比，预处理要更复杂一些，因此不妨以语音识别为例，具体说明一个语音识别是如何利用支持向量机工作的。图 7.7 展示了一个语音识别系统的工作流程。一段语音输入系统后，第一步工作是数据的预处理。

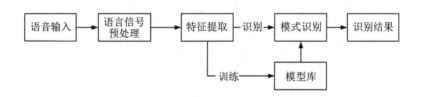

图 7.7 语音识别系统的工作流程

语音与文字不同，计算机并不能直接处理声音信号。但我们知道，声音的本质是一种波。语音信号预处理工作就是把录制好的声音转化为波的形式，以便于计算机进行下一步特征提取的工作。

特征提取工作用于进一步加工数据。我们每个人都有两个眼睛一张嘴巴，因此人脸识别系统在五官的位置就会有一些密密的特征点，例如，嘴巴的两个嘴角、人中、两个鼻翼和鼻尖等，依赖这些特征点，人脸识别系统才能识别不同的脸庞。

> **提示** 在语音识别系统中也需要提取出声音模板的特征以便于后续的分析工作，常用的特征提取法有 MFCC 法（Mel 频率倒谱系数法），使用 MFCC 法可以将声音数据中较高的音频提取出来，以备分析。

特征提取完毕后，首先进入训练阶段。这一阶段的目标是为每一个单字、词语制作一个模板，将所有的模板整合为模型库。然后在实际应用阶段则需要将未知分类的语音与模型库中的模板相匹配，与之匹配程度最高的即为该语音的分类，从而得到识别结果。例如，向语音识别系统中输入"阿里巴巴与四十大盗"这句话，因为模型库中存有"阿""里""巴""与""四十""大盗"等模板，所以语音识别系统将输入的语音与模型库中的模板相对比，从而识别出输入的语音究竟是什么。

不难想到，在构建语音识别系统的过程中，最难的步骤是将未知语音与模型库中的模板相匹配。即便模型库中的模板全都字正腔圆，十分清晰，但未知语音不清楚也会影响识别结果。此外，即便未知语音同样字正腔圆，十分清晰，但模型库中的模板如此多，其中相似的发音可谓是浩如烟海，怎样才能将未知语音与模板匹配正确，从而得到好的识别结果呢？

如果把未知语音看成待分类的样本，把模型库中的模板看成一个一个的类，那么将未知语音与模板匹配实质上就是将未知语音分到正确的类中。因此，这本质上是一个分类任务。第 6 章介绍的聚类分析为什么不适合解决这个问题呢？因为在语音识别中，往往要提取很多的特征，这就导致这个分类问题的维数非常高，而之前讲过，聚类分析通常没办法很好地处理超过三维的问题。这就是需要支持向量机的原因。

图 7.8 展示了一个最简单的支持向量机。

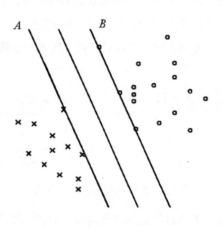

图 7.8 支持向量机模型

假设数据分为两类，一类用叉点表示，另一类用圆圈表示。将两者分为两类的直观表示就是找一条线把它们分开。在图 7.8 中共有 3 条线,中间那条线是所需要的分类线;另外两条线,即 A 线和 B 线上则串起了不同类型的数据集中最靠近分类线的一些点。

这些串在 A、B 线上的点就叫作支持向量,当有新的待分类数据涌入算法时,它们就用来与支持向量作比较,以便于分类。在支持向量机的模型中,除支持向量外,其他向量可以说都是没用的。

> 提示　图 7.8 所示的分类情况是最简单的情况。在实际问题中,很可能不同类别的点混杂在一起,没办法用一条直线将它们分开。

图 7.9 展示的是一种典型的非线性可分问题。

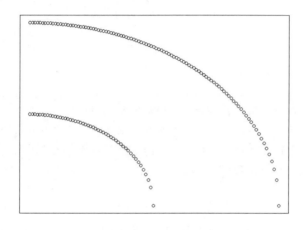

图 7.9　非线性可分分类模型

图 7.9 中,内圈的散点围成一个小圆,外圈的散点围成一个大圆。无论如何都没有办法找到一条直线将这两类点完全分开,不过这仅是对于二维平面来说的。倘若将它映射到三维平面上,这个问题就可以解决了。在神经网络一节中,使用高斯变换函数将输入层变成隐含层,这就是一种映射。在支持向量机中,可同样使用核函数将分类问题从低维映射到高维。如图 7.9 所示的问题,不妨令 $X = ab$、$Y = ab$、$Z = b$。如此就令使用 a 和 b 表示的两个平面环映射为使用 X、Y、Z 表示的两个三维平面中的环。

通过核函数的映射,平面上的两个圆环就变成了图 7.10 中的带有倾斜角度的环。

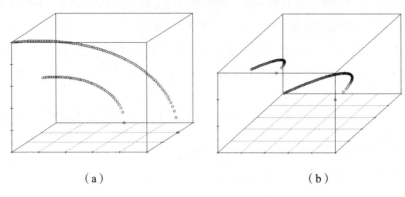

图 7.10　三维平面线性可分模型

图 7.10（a）展示了这两个环的正视图，图 7.10（b）展示了这两个环的右视图。通过右视图，可以清楚地看到，此时这两个环可以使用一个直平面分开了。

> **提示**　支持向量机同样可以通过核函数的映射解决复杂的低维不可分问题。从理论上来说，当维度增加到无限维时，一定可以让任意两个物体分开，这正是支持向量机的威力所在。与神经网络类似，支持向量机同样有其常用的核函数，这些核函数包括线性内核、多项式内核、径向基内核和 S 形内核等。

支持向量机可以完成二分类问题，在语音识别的训练阶段，模型库中的模板往往远大于两种，此时不妨将其两两组合，使用支持向量机遍历其中的所有组合，从而为其分类。在识别阶段，同样使用这种遍历模式以完成分类任务。

7.4.3　支持向量机小结

支持向量机这一方法在 1996 年才被提出，经过十几年的完善和发展，它如今是模式识别领域中最为重要的算法之一。作为较新的一种算法，支持向量机由统计理论作为坚实基础，它基本上不涉及概率测度及大数定律等，因此不同于现有的统计方法。

核函数是支持向量机算法中最重要的组成部分。同样是将二维问题映射为三维问题，不同的核函数将导致不同的支持向量机算法。一个好的核函数可以使分类问题变得轻而易举。如今有三四种核函数经常被使用，在选择这些核函数时可以多尝试几次，以便得到最好的核函数和参数。同时，支持向量机还有松弛系数和惩罚系数等参数，这些参数用于矫正得到的分类平面，以便得到最优的分类平面。

支持向量机可以很好地解决过拟合和欠拟合问题，它不需要过多的先验知识，同时它只关心很少的支持向量，而对于最终完成分类的空间究竟有多少维并不敏感，这使它克服了其他算法所难以避免的高维诅咒问题。这些优点使得支持向量机在模式识别领域有极为广泛的应用。类似手写识别和语音识别等常规的识别问题是支持向量机表现最优的领域。此外，支持向量机同样可以用来制作天气预报系统和石油预测系统等，支持向量机同样在生物信息学上有卓尔不凡的表现。

但支持向量机同样有它的缺点。首先，由于支持向量机的运算非常复杂，因此当训练样本非常大时，支持向量机将耗费大量的计算机内存，训练算法也需要很长的时间；其次，支持向量机更适合解决二分类问题，对于多分类问题，虽然可以使用遍历所有二分类组合的方法来解决，但是这会占用很多的资源，同时也会导致分类结果的准确度下降。对这些缺点的主要解决方法是将支持向量机与其他算法结合起来，以达到最好的效果。

> **提示**
>
> 支持向量机是如今最强大、应用最广泛的算法之一，它如今处于起步阶段，相信未来会有更广泛的应用。与其威力相对，掌握好它也需要相当深厚的理论功底，只有彻底明白其理论基础，才能找出最合适的核函数和参数，从而制作出分类效果最好的支持向量机算法。

7.5 判别分析：电信行业构建客户流失模型

判别分析是模式识别中一大类分析方法的总称，它可分为线性判别分析、非线性判别分析、距离判别分析和 Fisher 判别分析等多种不同的类型。同时它也是机器学习、数据挖掘领域经典且热门的一个算法。判别分析的思想与主成分分析相似，表达式与回归分析相似，它总是被用来处理有监督学习的分类问题。本节涉及的肯德基客户分类就是判别分析最经典的应用之一。

7.5.1 激烈竞争引起客户流失率升高

通信业务又分为固定通信和移动通信两大类。固话和宽带属于固定通信，移动电话、4G 和 5G 网络则属于移动通信。随着手机普及率接近百分之百，几乎每个人都有至少一个手机号，移动通信的占比逐渐超过了固定通信。

电信行业从蓝海转入红海，移动、联通、电信等企业的战略方向也不得不从开辟新市场转向挽留旧客户。如今运营商每月客户流失率在 1%~3%，客户流失问题日益严峻，降低客户流失率已成为热门问题。

在 6.4 节中，已介绍了如何使用聚类分析为客户分类，从而降低客户退货率。挽留流失客户的问题同样可以是一个客户分类的问题，即将客户分为忠实客户、一般客户和流失客户等多类，并找出客户流失背后的原因，从而采取相应措施，降低客户流失率。类似地，7.1 节也介绍了如何向决策树中输入离散型数据，以预判客户流失。与 6.4 节和 7.1 节所不同的是，本节尝试使用判别分析模型。

作为一个现代行业，电信行业握有的数据维度丰富、样本庞大，所能进行的数据分析应用也应有尽有，其中能用于客户流失分析的字节多达几十个，包括分类变量，也包括数值变量，这是适合进行判别分析的另一个重要理由。

> **提示** 与聚类分析相比，判别分析具有更多的先验知识，因此，判别分析的正确率更高。与回归分析相比，判别分析由2～3个判别函数组成，因此，判别分析更灵活多变，结果也更可信。正是由于这些优点，使得判别分析在客户流失这一问题上的表现更好，它也被广泛地应用于市场分析和金融分析中。

在市场分析中，判别分析通常被用来为客户分类，如区分新用户和老用户，区分高价值用户和潜在用户等，判别分析也可以用于市场细分，如考察市场的潜力等。在金融分析中，判别分析可以用于为基金分类，也可以用于市场细分。此外，判别分析同样可以用在公共事业领域、医学领域或教育领域中。

判别分析的形式多种多样，当先验知识不足时，可以使用距离判别法；当先验知识较为充足且样本较大时，可以使用Fisher判别法；当先验知识较为充足时，可以使用Bayes判别法。多种多样的判别分析法使判别分析使用起来更为灵活多变，判别分析也因此成为应用最广泛的算法之一。

7.5.2 用于分类的线性判别分析

判别分析的目标是将新个体分入已知的N个类别中去，例如，将电信公司的客户分为忠实客户、普通客户和流失客户3类，并划分分类标准，将新客户分入这3类之中。这与聚类分析和回归分析所能达到的效果是相似的，但是聚类分析和回归分析使用的是距离函数，而判别分析则使用了降维的方法。

判别分析是一种分类函数，它利用多个不同的自变量为数据分类。与聚类分析相比，另一个不同的地方在于聚类分析的类别并不确定，而判别分析的类别则是已知的。在客户流失率这一问题上，我们能得到一些已分好类的数据，即连续购买套餐5年以上的客户、连续购买套餐不足5年的客户和已经流失的客户等。

每一个判别分析都需要两组或多组判别方程。有几个分类就需要多少判别方程。判别函数形如回归方程：$Y = a_1X_1 + a_2X_2 + a_3X_3 + \cdots + a_nX_n$。与回归分析类似，判别分析使用降维的手法将高维空间中的数据映射到低维空间加以分析。

图7.11所示是一个判别分析的降维示意图，它将二维数据映射到一维上去。图7.11中上方和下方的点分属不同的类别，我们将样本点映射到了一条贯穿二、四象限的直线上，此时两个类别的距离用图中的加粗线段表示，即两个小圈的中心之间的位置。判别分析所要做的就是将不同的类别分开，并使不同类别中心之间的距离尽量大。

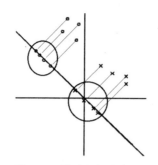

图 7.11 判别分析的降维

为了达到使不同类别中心之间的距离尽量大这一目标，判别分析需要谨慎地选择映射方向。判别分析使用协方差矩阵来确定映射方向，不妨假设有 m 个样本，这些样本分别属于 n 个类别，每个样本都由 $\{m_1, m_2, m_3, \cdots, m_p\}$ 等 p 个指标表示。

协方差矩阵可以度量每类样本的离散程度。$S_i = \sum_{x \in D_i}(x-m_i)(x-m_i)^T$ 是每一类别样本的类内散布矩阵，其中 D_i 表示第 i 个类别；m_i 表示该类别中第 i 个指标的均值。将所有的类内散布矩阵相加即可得到总类内散布矩阵 S_w。$S_b = (m_1-m_2)(m_1-m_2)^T$ 是两个类别之间的类间散布矩阵，它使用各类别中各指标的均值之差度量两个类别之间的距离，将所有的类间散布矩阵相加即可得到总类间散布矩阵 S_B。

有了类内散布矩阵和类间散布矩阵，即可写出判别分析的目标函数 $J(w) = \dfrac{w^T S_B w}{w^T S_w w}$，其中 w 就是一个映射函数，我们希望找到一个 w，使目标函数达到最大，将二维数据映射到一维直线上时，$w = S_w^{-1}(m_1 - m_2)$ 是能使目标函数最大的直线方程。

图 7.12 所示是判别分析中二维数据投影到一维直线后的高斯拟合和决策面。

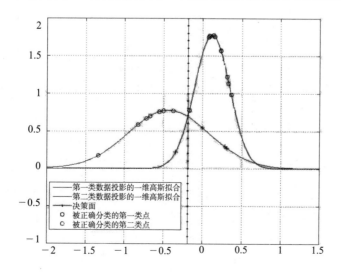

图 7.12 二维数据投影的高斯拟合和决策面

有了根据协方差矩阵求出的目标函数最优解，判别分析就可以将高维数据映射到低维空间中去了。通常原始数据中的变量维数要远远大于类别个数，在映射时要分几个类别，以便将原始数据映射到较低维的空间，例如，若通过十几个原始变量将美国运通公司的客户分为 3 类，判别分析则将十几维的空间映射到一维、二维或三维空间中去，当维数更高时，人眼难以观察，且决策面过于复杂，判别分析将失去意义。

> **提示**　由于判别分析要求原始数据服从正态分布，因此投影后的数据也将服从正态分布，此时一维直线上存在两种类别的数据，这两种类别的数据可分别画出一个正态分布拟合图，拟合图中的数据分别代表了每一类别数据在直线每一位置出现的概率大小。

图 7.12 中的两类数据投影形成的正态分布拟合图有明显的重叠，正中央的直线是对二者进行分类的决策面。在一维直线上，这一决策面就是一个坐标点，在这一坐标点右侧的数据都被归入第 1 类，在这一坐标点左侧的数据都被归入第 2 类。这两个正态分布的峰顶的横坐标距离则代表了两类中心的距离。

数据映射到一维直线上时，用来寻找决策面的正态分布拟合图是一维的正态拟合，而决策面则是一维的坐标；当数据映射到多维空间中时，用来寻找决策面的拟合图则将是相对应的多维正态拟合，决策面也将是高维函数。图 7.12 所示的决策面仍不能完美地将两种类别分开，存在错误分类的情况，当样本数据增多时，目标函数的训练会更加有效，决策面也将更完美地工作。

在使用判别分析为多种类别的数据进行分类时，可以构造多个二分类器进行综合分类，也可以一次性地将多个类别分开。图 7.13 所示是在二维平面上将 3 个类别的数据一次性分开的一个例子，这样做可以降低计算的复杂度，但是会牺牲一些精确度。

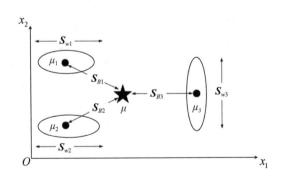

图 7.13　二维平面上的判别分析

图 7.13 标注出了每一个类别的类内散布矩阵，以及类别和类别之间的类间散布矩阵，同时还标注出了类中心的坐标和整个样本中心的坐标。这张图清楚地表达出了在判别分析的目标函数中各个矩阵的几何意义。当有新样本输入判别分析模型时，通过决策函数比较新样本和每一类别的距离远近，即可将新样本归入正确的类别中。

7.2.3 判别分析小结

判别分析是一种典型的以统计理论为基础的分类方法，它所使用的降维方法与主成分分析类似；但主成分分析的目标是将不同维度的信息整合为一个维度，而判别分析的目标则是将不同类别的数据尽量分离开来。

与回归分析类似，判别分析有十分严苛的假设条件。首先，判别分析假设分组类型在两种以上，且每一类别都具有一定的样本数量；其次，判别分析中各组样本的协方差矩阵相等，且各组样本服从正态分布；最后，判别分析中涉及的各个变量不能相关。只有样本数据同时满足这些条件，判别分析的结果才具有意义。

判别分析在气候分类、土地划分和市场调研等多个领域都具有重要作用。本节提及的客户流失预测模型的案例就是市场调研方面的一个重要应用。通过离散矩阵，可以观察到自变量的组间差异是否显著，这能够帮助数据分析师确定导致客户流失的究竟是什么因素，而那些对公司十分忠实的客户关注的又是什么因素，从而指导企业做出正确的战略调整。

能够用于为客户分类的分析方法还有主成分分析、决策树和 Logistic 回归等分析方法。与其他分析方法相比，判别分析具有理论基础坚实、结果易于理解、同时适用于大样本和小样本等优点，它的局限则在于假设条件过多（这意味着繁重的数据清洗工作）、样本量过小时分类结果不佳等。因此，判别分析总是擅长处理那些样本数据量介于多和少之间、自变量个数较多的问题。

判别分析同样有缺点。首先，先验知识的准确与否很大程度上决定了判别函数的准确与否，因此判别分析十分依赖先验知识；其次，判别分析要求自变量之间没有强相关性，否则，结果的准确性会受到影响；最后，判别分析的计算量非常大，数据量过大时，判别分析可能会占用过多的计算机内存。

> **提示**　按照函数类型，判别分析可以分为线性判别和非线性判别，其中线性判别的发展要超过非线性判别。按照判别标准，判别分析又可以分为 Fisher 判别、距离判别和 Bayes 判别等，其中 Fisher 判别分析是最常用的判别分析方法。在 SPSS 软件中已经安装了判别分析模块，R 中也有相应的程序包，因此判别分析的实现是十分容易的。

判别分析的另一个重要用途在于和其他分析方法进行联合。例如，方差分析法可以和判别分析相结合，用于回答有关自变量重要性的定性问题和定量问题；判别分析也可以作为神经网络、决策树等算法的预处理算法，帮助它们提前挑选出有价值的自变量。总之，数据分析师对判别分析的学习应当着重于学习其思想，并在实际案例中多寻找判别分析的应用，这样才能将判别分析和其他分析方法有机地联系在一起。

7.6 模式识别综述：日趋成熟的信用评分模型

关于模式识别的最后一个例子将介绍信用评分模型。本节的信用评分模型将利用多种模式识别方法达到为用户评分的目的。信用评分模型不一定是模式识别中最让人瞠目结舌的应用，但它涉及深厚的理论基础及先进的算法思想，这也正是为什么信用评分模型可以作为综合应用的例子。通过本节，读者将看到不同的模式识别算法是如何殊途同归的。

7.6.1 美国为限制信用评分模型立法

自从贷款业务出现，银行家就产生了对信用评分模型的需要。精明的银行家绝不可能做赔本生意，他们迫切地想知道，什么人有良好信用，会按时还贷款；什么人信用不好，不会按时还贷款。为了区分这二者，只借钱给信用好的人，银行家使用了信用评分模型。

> **提示**　信用评分模型与风险价值模型出现于同一时期，风险价值模型用于评价市场风险，信用评分模型则用于评价客户还款能力，二者都被金融机构广泛应用。与风险价值模型不同，信用评分模型一直以来都在不断改善和进步，如今已有数十种采用不同算法的信用评分模型在市场上应用。

对于银行来说，银行可以控制的因素有借出的款额、利息的高低、还款的时间和还款的方法等；银行所不能控制的因素有借款人的收入水平、借款人的婚姻状况和借款人的消费水平等。这两方面的因素都会影响借款人还款能力的高低。为了更全面地评价借款人的贷款能力，银行有必要同时采集这两方面的信息。

随着大数据时代的到来，银行家可以通过移动互联网等渠道取得越来越完善的贷款人信息，同时强大的底层技术也可以完成复杂模型所带来的巨大计算量。这两点同时为信用评分模型注入了新活力。最早的信用评分模型是以数千人为样本完成的回归模型，而如今信用评分模型所使用的算法有决策树、神经网络、判别分析和共性过滤等，其所使用的样本数据也达到成千上万的数量级。

信用评分模型的进步带来的是银行坏账率的下降。使用阿里巴巴所提供的最先进的算法使阿里巴巴贷款的坏账率不到1%，而中国五大银行也提出了坏账率不能超过5%的目标，五大银行的坏账率目前维持在2%以下。

但信用评分模型也不是没有问题，美国是信用评分模型的发明地，同时也是信用评分模型使用最广泛、最成功的国家。美国的银行家们发现白人的坏账率要明显低于黑人，因此在信用评分模型中引入了种族这一变量，这就导致黑人贷款的难度要高于白人。由于这种信用评分模型的使用广泛，影响巨大，美国政府以涉及种族歧视的名义明确立法，禁止银行的信用评分系统使用种族这一变量。这也显示出大数据与个人隐私之间难以避免的冲突。

信用评分系统不仅可以用于申请贷款业务，而且可以用于信用卡开通业务、汽车行业分期付款业务和房地产分期付款业务等。同时它也可以用于市场营销评分、保险业务评分和欺诈风险评分等诸多评分业务。信用评分模型正是由于有如此多的变形和应用，才会有如此广泛的存在。

7.6.2 用多种算法实现信用评分模型

构建信用评分模型常用的算法有逻辑回归模型、神经网络模型、判别分析、决策树模型、共性过滤分析、多元回归模型、基因算法、RFM 分析、存活分析和时间序列分析。尽管构建信用评分模型的算法有所不同，但构建信用评分模型的原理和步骤是基本一致的。

所有的信用评分模型构建时都需要 3 个步骤，首先，根据经验或相关性分析，找出和借款人的信用风险相关的经济或财务因素，并选定算法，确定模型将要使用的函数形式；其次，根据以往的数据确定相关因素的重要性大小，并代入算法进行试验，寻找最优的参数；最后，将待分类借款人的相关数据代入信用评分函数计算信用数值，根据数值的大小确定是否借款给待分类借款人。

对于银行来说，是绝不会借钱给那些显然不会还款的客户的，而显然会还款的客户又总是各个银行争夺的对象。因此银行家的信用评分模型最主要的是评定那些特征不太明显的人是否会还款。消费者以往还债记录、公共记录、专业和工作、消费者月消费水平、消费者年龄、消费者偏好、消费者持有的银行卡数目、消费者银行卡余额及经济环境等都是银行家需要收集的数据。这些数据可以详细地勾画出一个消费者的形象，从而帮助银行家判断客户是否会还款。

> **提示** 在信用评分模型中，存在着大量的离散型数据，如专业、年龄段、消费者持有的银行卡数目等，决策树善于处理离散型数据，同时决策树对于连续型数据也能够处理得很好，因此决策树模型是构建信用评分模型的一个常规选择。

在图 7.14 中，决策树模型使用了 3 个条件来判断借贷者的信用等级。首先判断借贷者的年收入，倘若年收入大于 5 万元则判断其是否为高负债人群，如果不是，则可以借钱给该客户；倘若年收入小于 5 万元则判断其工作年限是否大于 5 年，如果是，则可以借钱给该客户。即根据这个决策树模型，银行只会借钱给两种客户，一种是年收入大于 5 万元且不是高负债的客户；另一种是年收入小于 5 万元且工作年限大于 5 年的客户。

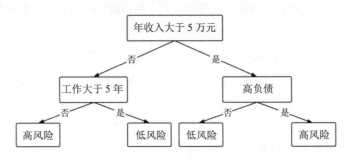

图 7.14　决策树构建信用评分模型

当然，图 7.14 所展示的决策树模型仅应用了 3 个条件，是一个简化过的模型。在实际情况中，银行信用评分系统将涉及数十个条件，而决策树模型的大小将随着条件数的增加而呈现指数级增长。因此在实际情况中，使用决策树构建的信用评分模型务必会经过剪枝、合并和修改等过程，以达到最佳的评分效果。

> **提示**　决策树具有可解释性强的优点，使用决策树构建的评分模型十分易于解释，因而也易于被银行高层接受。此外，决策树虽然规则较为简单，但对于累积了大量往期数据的老牌银行来说，使用大量数据训练出的决策树将有令人吃惊的精确性。

除决策树外，神经网络同样是一个应用广泛的信用评分模型。这是因为信用评分结果和用于信用评分的自变量往往是非线性的关系，而神经网络适合处理含有噪声的、非线性的样本数据。因此神经网络适合构建信用评分模型。

图 7.15 所展示的神经网络简化模型在具体介绍神经网络的 7.2 节中已经出现过了，其中 x 代表输入层，v、u、w 代表 3 个隐含层，y 则代表输出层。使用多于一层的隐含层有助于神经网络在拟合出更复杂的非线性方程的同时避免过拟合现象发生。

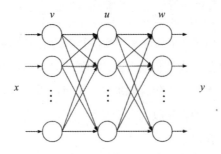

图 7.15　神经网络构建信用评分模型

用神经网络构建信用评分模型时，可以使用的变量有信贷历史、贷款金额、储蓄账户状况、在职时间、分期付款占可自由支配收入的比重、在现居住地的居住时间、资产情况、年龄、是否有其他分期付款计划、住宅支付方式、在本银行的信贷次数、工作性质和家庭收入情况等诸多变量，这些变量中以离散型变量居多，这也与神经网络适合处理的数据类型相吻合。

除需要筛选出适合引入模型的变量外，数据分析师对数据的归一化处理这一步骤也不能够忽视。这一工作可以提高神经网络训练的速度和精度。当数据量不够时，神经网络可以通过构建多于一层的隐含层的方法来提高评分模型的准确性。因此对于小型的新兴借贷公司，神经网络是一个不错的选择。

判别分析同样是应用广泛的模型之一。判别分析要求提前确定分类的类别，这一点在信用评分模型问题中使客户自然而然地分为有还款能力客户和无还款能力客户；判别分析要求使用的变量符合正态分布，在信用评分问题中各个变量也都近似符合。因此判别分析同样可以用于处理信用评分问题。

支持向量机则是近年来刚刚起步的模型。支持向量机可以有效地利用高维稀疏数据，向信用评分模型中引入尽可能多的变量，以此提高模型的准确性。

除上述4种模式识别算法外，其他模式识别算法同样可以用于处理信用评分问题。这些算法所使用的变量并不相同，对于这个算法来说很重要的变量可能并不能在其他算法中起到作用。而不同的算法所适合的问题也不尽相同。信用评分模型可分为汽车负债评分、房产负债评分和个人负债评分等多种不同情景，正是这些复杂情景的存在导致了对不同算法的需要。

7.6.3 模式识别小结

模式识别技术是处于科技前端、方兴未艾的一门技术，21世纪是智能化、信息化、计算化和网络化的世纪，在如今的大数据时代中，模式识别技术作为一门以人工智能技术为基础的学科，仍然具有广阔的应用空间和无穷的发展潜力。

本节使用了4种不同算法来分别构建信用评分模型，通过信用评分模型的构建过程，大家可以看到从不同的侧面看待同一个问题时，可以引出不同的解决方案。例如，对于有大数据量支持的大型银行，可以使用决策树来构建信用评分模型；对于没有过多数据的小型借贷公司，神经网络将克服数据量过少的不便；判别分析适用于针对某一明确问题构建模型，而在探索性数据分析中发挥作用不大；支持向量机则可以精确地区分可能会还款的客户和不太可能会还款的客户。

> **提示**　模式识别算法的应用范围互相之间多有交叉，除信用评分系统外，之前介绍过的智能翻译、手写识别等同样可以使用多种不同算法分别构建模型。以决策树、神经网络、支持向量机和判别分析等为首的不同模式识别算法各有所长，互为补充，一起组成了模式识别的完整体系。

在本章中，我们使用模式识别技术处理了金融、互联网、语音信号处理和人工智能等多个领域的不同实际问题。除这些领域外，模式识别技术同样应用于地理信息、智能控制和生命科学等领域。

模式识别算法以统计学、概率论、高等数学和系统分析等知识作为其理论基础。本章简单阐述了这些知识在每个算法中的体现与应用，同时也解读了不同模式识别算法在具体应用时各自有哪些优点和缺点。在使用这些算法解决新问题时，应注意每种算法的长处和短处，从而扬长避短，找到解决问题的最佳方案。

第 8 章
更多的数据挖掘算法

数据挖掘是由统计学、人工智能和计算机科学等多门学科交叉发展而来的,每门学科都为数据挖掘算法的发展做出了贡献。由于数据挖掘算法的来源众多,因此很难将所有的数据挖掘算法简单归纳为几个类别。本章将介绍 6 种来自不同行业的算法,它们有的成名已久,有的刚刚起步;有的应用广泛,有的并不常见。但它们都丰富了数据挖掘的概念,是组成数据挖掘算法体系的一部分。

本章主要涉及的知识点

- 核密度估计法:警务大数据预测犯罪
- Flu Trends:"谷歌流感趋势"帮助控制疫情
- Apriori 算法:透视美国国会投票模式
- SVD 简化数据:IBM 软件自动生成新菜谱
- 文本分析:垃圾邮件过滤系统
- AdaBoost 元算法:侦测欺诈交易

8.1 核密度估计法：警务大数据预测犯罪

核密度估计法是一种典型的非参数检验方法。使用核密度估计法可以推导出分布奇特的函数表达式。因此核密度可以被用于处理公共事务或经济领域的小众问题。本节将要介绍的大数据预测犯罪是一个最经典的现代公共事务案例，这个案例虽然并没有使用过于复杂的算法，但它确实成功地解决了公共管理中的难题。

8.1.1 《少数派报告》的现实版

很久以前，作家们便创造出了为数众多的天才侦探形象，大侦探福尔摩斯只需要看一眼犯罪现场，就能推断出受害者的身份和犯罪嫌疑人的大概特征。后来，野心勃勃的剧作家不再局限于让侦探人物在犯罪发生后再去千里缉凶，转而创作出了《少数派报告》这种极富想象力的作品。在《少数派报告》中，具有预言能力的少数派可以在犯罪还未发生时就预言出犯罪者的名字，警察便可以在犯罪者实施犯罪前将其逮捕。

尽管科技的发展日新月异，但现代技术仍然没办法证实有什么人真的有预言未来的能力，《少数派报告》中的场景因而无法发生在真实世界中。不过条条大路通罗马，在大数据的帮助下，警务犯罪预测系统同样可以帮助警察预测犯罪的发生，达到了与《少数派报告》相似的效果。

警务犯罪预测系统是由 George Mohler 教授开发的地震预测模型改造而来的。George Mohler 教授发现地震预测模型可以在地震发生后很好地预测余震的发生，而预测犯罪发生的模式则与此惊人地吻合，即某地区发生犯罪案件后，该预测模型可以很好地预测接下来发生犯罪的可能性与方式。

纽约警察局把过去 80 年内的 130 万个犯罪记录输入了这个由地震预测模型改造而来的警务犯罪预测系统，并使用了包括每个街道上的人口、人群的流动方式和人脸识别在内的多种繁复数据，这些数据一起用于寻找每一条街道上的犯罪趋势和犯罪模式，实时分析城市数据源和社交网络数据，从而提示警察每个具体区域的犯罪概率，达到预测犯罪的效果。除能够预测犯罪外，警务犯罪预测系统所收集的庞大数据同样有利于警察更快地破案。

> **提示** 与好友推荐、智能翻译等商业应用所不同的是，警务犯罪预测系统所应用的数据量十分庞大，想要处理这些数据必须借助计算能力强大的超级计算机。此外，这些数据同样也可以应用于军事和情报等政府机构，而强大的技术支持和多方的需求都是催生警务犯罪预测系统的必要条件。

洛杉矶警察局是最早应用警务犯罪预测系统的警察局之一，数据显示，该警察局已经利用大数据分析软件成功地把辖区里的盗窃犯罪降低了 33%，暴力犯罪降低了 21%，财产类犯罪降低了 12%。如今的美国，从纽约到洛杉矶，许多警察局都在尝试使用这种方法来预测犯罪，维护治安。

意大利、法国等国家也在引进这种办法。而我国北京市公安局在 2014 年的 APEC 会议期间，也尝试了使用大数据分析来维护治安。大数据分析预测犯罪已成为世界性的趋势。

8.1.2 核密度估计法和圣克鲁兹市的犯罪地图

尽管警务犯罪预测系统所能达到的效果非常神奇，但其背后的统计学原理并不复杂，其中最主要的统计学原理就是核密度估计法。

> **提示** 核密度估计法是一种典型的非参数估计法。使用核密度估计法估计数据样本的分布时，仅从数据样本本身入手，并不需要任何先验知识。

在警务犯罪预测系统中，城市中不同街道的犯罪发生概率和周围环境有密切关系，将城市看作一张二维平面图，其每个地区的犯罪发生概率并不服从任何已知的分布，如正态分布、泊松分布等，因此就不能参照任何已知表达式写出犯罪发生的概率密度，也不能为犯罪发生概率设定参数。此时就需要核密度估计法来估计犯罪发生的概率。

图 8.1 画出了一个核密度估计的简单示例，在 0～1 的范围上随机产生 50 个数据，以 0.04 为宽度画出直方图。由图 8.1 可知，这 50 个数据大多分布在靠近 1 的位置，在 0.5 的左边也有一些分布。仅观察直方图，这样的一个数据基本分布不符合任何已知的分布。因此考虑使用核密度估计法估计该分布的分布函数。

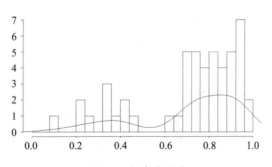

图 8.1 核密度估计

核密度估计法常用的公式如下：

$$p(x) = \frac{\sum_{n=1}^{N} N(x - X_n, z)}{N}$$

式中，$N(x - X_n, z)$ 为正态分布的概率密度函数；z 为待设定的参数；n 为数据量。在图 8.1 所示的例子中，n 为 50。这个式子所表达的意思是，假设这 50 个数都服从正态分布，那么这 50 个正态分布所叠加起来的分布就是我们所要找的分布。

在图 8.2 中，6 个正态分布叠加得到了一个核密度估计模型。其中 6 个正态分布对应 6 个数据，同理可得 50 个数据推导出来的核密度估计模型。

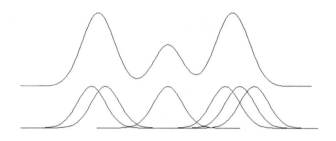

图 8.2　正态分布叠加得到核密度估计分布

除正态分布外，还可以假设观察到的数据服从均匀分布、伽玛分布或三角分布等，不同的分布可以推导出不同的核函数。虽然正态分布需要设定参数 z，但通过数据的标准化可以将 z 统一设为 0。

> **提示**　核密度估计法实际上并不需要设定任何参数，因此核密度估计法是从数据样本本身出发，研究推导数据分布特征的一种方法。这种方法不需要任何先验知识，这也正是非参数检验和参数检验的不同之处。

不论使用的是哪种核函数，核密度估计法的原理都是相似的。对于某一点，如果观察值出现得多，那么该点的概率密度就大，其附近的点的概率密度也会偏大；如果观察值出现得少，那么该点的概率密度就小，其附近的点的概率密度也会偏小。例如，图 8.1 中的零点，由于其附近并没有聚集较多的观察值，因此该点的概率密度非常小。

这一概念可用于预测城市犯罪事件的发生。

尽管每个城市每条街道的犯罪事件的概率密度并不服从任何已知的分布，但使用核密度估计的方法，将每一起历史案件都视为服从正态分布，这些正态分布叠加后将得到一个犯罪分布概率密度。如果某地区发生了较多的案件，那么该地区的犯罪概率密度就较高；如果某地区发生了较少的案件，那么该地区的犯罪概率密度就较低。

使用核密度估计法不仅可以详细地标注出每个街区甚至每条街道的犯罪案件发生概率，按照案件类型为案件分类后，核密度估计法同样可以指出每个街区发生盗窃案、抢劫案和强奸案等各个细类案件的概率；按照案件时间为案件分类后，核密度估计法同样可以指出每个街区在白天、傍晚和深夜发生案件的概率。而将两者结合，则可以提前告诉警察在什么时间段应加强对哪些街区的巡逻，以及这些街区很可能发生什么案件，从而避免犯罪案件的发生。警务犯罪预测系统同样可以用于提示普通民众在特定时段避开某些街区，以及提示处于危险街区的普通民众警惕罪犯的存在。

使用这种方法预测的犯罪案件有 2/3 都真实地发生了。有了警务犯罪预测系统的提前警示，警察局可以更合理地布局警力，提高破案效率，并帮助所有人了解犯罪的模式。警务犯罪预测系统使美国一些城市的重案率下降了30%。

警务犯罪预测系统除能够提示我们案件的发生外，还可以从统计学的角度解释为什么会发生这些案件。这不仅是从某些街区聚集了大量游手好闲的犯罪分子这个角度而言，警务犯罪预测系统同样可以发现一些隐藏起来的深层规律。例如，警务犯罪预测系统通过对比大量的问题少年的情况，可以告诉我们青少年罪犯与他们的积极向上的同龄人相比，最大的不同是受教育程度的低下，这就提示我们应当提高对青少年教育问题的重视。

通过这种对比，警务犯罪预测系统同样可以发现14岁第一次杀人的杀人犯再次杀人的概率要比30岁第一次杀人的杀人犯要高，这帮助司法系统放下对中年犯人的偏见，转而加强对青少年罪犯的监视。而这些发现运用到了统计学中 t 检验和方差分析的知识。

8.1.3 核密度估计法小结

核密度估计法是最流行的非参数检验分析之一。与贝叶斯分析相似，核密度估计法尽管原理十分简单，但其所能够完成的事情非常之多。核密度估计法具有不需要过多先验知识，能完成复杂的非线性拟合，预测结果准确的特点。由于这些优点，核密度估计法被广泛地应用于公共事务、地理信息和医疗教育等多个领域，其经典应用包括各类预测和聚类任务。

核密度估计法的局限性主要表现在两方面：一方面，核密度估计法的准确与否很大程度上依赖样本数据的准确与否，例如，本节介绍的警务犯罪预测中，倘若使用的历史案例过于陈旧或过于偶然，那么对于核密度估计的最终结果将有很大影响；另一方面，核密度估计法存在边界问题，即核密度估计法映射的范围囊括了整个数域，对警务犯罪预测的例子来说，可以理解为圣克鲁兹市的某些地区是没有人活动的，因此根本不可能发生犯罪案件，但是由于无人地区附近的有人地区有案件发生，因此由于边界效应，警务犯罪预测系统会认为无人地区也有可能发生犯罪。这一问题在犯罪预测的例子中并不重要，但在一些医学例子中影响会比较大。

> **提示** 由于核密度估计法是一种基础的分析方法，它的最大作用在于可以推导出未知分布特征的数据的分布函数。因此核密度估计法通常为其他算法做准备工作，最常见的就是核密度估计法与聚类分析或贝叶斯分类法的结合。

核密度估计法可以与聚类分析相结合，这会产生一种梯度上升的聚类算法，其主要思想是在空间中随机画出一个圆，然后根据分布函数逐渐向密度较高的方向移动，最终达到聚类中心。这种聚类方法可以聚为不规则形状的类，如半月形的类。

核密度估计法同样可以与贝叶斯分类法相结合。贝叶斯分类法利用已知的先验知识做推断，而核密度估计法可以在先验知识不充足时做出补充。例如，在遥感图像分类的问题上，可以利用核密度估计法先计算各类土地的密度函数，再使用贝叶斯分类法进行分类，此时核密度估计法提供了更充分的先验知识，因此贝叶斯分类的效果会增强。

8.2 Flu Trends:"谷歌流感趋势"帮助控制疫情

谷歌流感趋势算法（GLT）是谷歌公司专门用来展示全球流感传播范围的软件模型。这个模型收集所有使用谷歌搜索的用户所输入的词汇，从中挑出与疾病相关的词汇，统计其出现的频率，并以此为依据得到全世界范围内的流感趋势。作为大数据应用的早期例子之一，谷歌流感趋势算法开创了疾控软件的先河，也带动了公共卫生行业的一次革新。

8.2.1 谷歌流感趋势的成与败

谷歌流感趋势算法成名于 2009 年。2009 年，全球范围内爆发了甲型 H1N1 流感。在甲型 H1N1 流感爆发的几周前，谷歌流感趋势算法成功预测了流感在美国境内的传播，这一预测要比美国官方机构提前两周的时间。正是对甲型 H1N1 的成功预测标志着谷歌流感趋势算法的成功，同时也使谷歌在大数据预测的领域正式站稳了脚跟。

在甲型 H1N1 流感爆发上的精准预测使得谷歌流感趋势算法很快被民众所接受，谷歌流感趋势算法很快开始尝试预测世界范围的疾病情况，这些疾病也不再仅限于流感，而是包括了艾滋病、禽流感、乙肝和肺结核等诸多传染病。谷歌流感趋势算法给予了美国公共卫生官员极大的帮助，其及时而又具体的预测方便了美国官员对预防工作的开展。此外，普通民众也可以使用流感预测服务来决定出门要不要戴口罩。

在此后的两三年时间中，美国人民对于谷歌流感趋势算法可谓信任有加，而谷歌流感趋势算法也确实一直表现良好，对每年冬季的流感趋势预测得都八九不离十。然而好景不长，在 2012 年冬天的流感预测中，谷歌所预测的流感趋势比真实情况夸大了足足两倍，对于以精准性为标榜的谷歌流感趋势算法来说，这称得上是一个致命的错误。

> **提示** 这并不是个偶然现象，数据显示，谷歌所预测的流感趋势在 108 个星期中有 100 个星期都略微偏高。而导致这一现象的原因据说是因为谷歌在两三年的时间中都没有更新过谷歌流感趋势算法！这一说法也许不太可信，但毫无疑问的是，谷歌确实没有及时调整流感趋势算法。

谷歌流感趋势算法在 2012 年遭遇滑铁卢之后，相关技术人员很快对其进行了优化和改善。之后，美国官方机构将 CDC（美国疾病预防控制中心）流感数据引入了谷歌流感趋势算法，同时谷歌流感趋势算法宣称已引入了全新的搜索引擎和算法，这两大举措确实提升了谷歌流感趋势算法的精准度，为谷歌流感预测赢回了数目可观的拥护者。如今谷歌流感预测已在超过 24 个国家登陆。

百度疾病预测的上线正式打破了疾控领域中谷歌流感趋势一枝独秀的局面。百度疾病预测可以分别具体提供全国 331 个地级市，2870 个区县的过去 30 天以内的病例数据和未来 7 天的疾病预测趋势。除流感外，百度疾病预测可以预测肝炎、肺结核和性病。

8.2.2 谷歌流感趋势与流感关联词

谷歌流感趋势算法的开发以"谷歌相关"这个产品为基础。谷歌流感趋势算法的开发人员认为，人们输入的搜索关键词代表了人们的即时需要，如果有人输入了关键词"发烧"，那么这很可能意味着这个人得了流感，跟踪这个人的 IP 地址，就可以在某个地区标记出一记流感病例。

基于这种思想，设计人员设计了一系列流感关键词，其中包括温度计、流感症状、肌肉疼痛和胸闷等。只要用户输入这些关键词，系统就会展开跟踪分析，创建地区流感图表和流感地图。谷歌通过这种方法编写了将 5000 万个搜索关键词与 1152 个数据点相匹配的流感趋势算法。这样一个算法基本可以收集所有与流感相关的民众动向。

这种方法完全体现了大数据预测的概念，即通过收集大量的弱关联因子，使用数量的优势弥补质量的缺陷。在谷歌流感趋势算法中的具体反映便是收集大量与流感微弱相关的特征，从而预测出流感趋势。

尽管这种方法在很多场合都取得了胜利，但是对于谷歌流感趋势算法来说，这种算法难免有缺陷，最明显的一点就是流感趋势算法只能简略地将关键词与病症单一联系起来，而不能灵活地调整。例如，当用户输入关键词"发烧"，预测算法将认为该用户得了流感；而用户输入关键词"咳嗽"，预测算法将认为该用户得了普通感冒。仅通过一个搜索关键词便确定了用户的病症，这种关联算法显然是十分武断的。

实际上，在 2012 年之前，谷歌流感预测数据、美国疾病预防控制中心的预测数据及真实的流感数据基本汇成一股线，谷歌和美国官方机构的预测结果都是比较准确的，而谷歌流感预测由于报告时间较早，因而更具价值。从 2012 年后，谷歌流感预测结果开始明显偏高，在顶点处（也就是流感爆发期）这个误差达到了两倍。

值得注意的是，不仅谷歌流感预测结果高于真实数据，美国官方机构预测的结果也高于真实数据。而谷歌流感预测本来就是以预测美国官方机构预测数据而非真实流感数据为目标的。从这个角度来说，谷歌流感预测的误差也许并没有那么大，但这并不能抹杀谷歌流感预测的失误。

> **提示** 谷歌流感预测的失误并不是偶然。随着谷歌流感预测的声名鹊起，势必有越来越多的人抱着好奇的心态越来越关心流感，这就会导致用户关于流感的搜索量增加。同时用户的搜索是受多方影响的，例如，普通感冒的用户搜索"咳嗽"时，也许会在谷歌相关的推荐下也搜索"发烧"。

在 2012 年的失误后，谷歌工程师很快调整了算法，此后的 2013 年、2014 年，谷歌流感趋势的表现还不错。尽管并不清楚谷歌工程师究竟怎样具体调整了算法，但可以想到的是，如果还是仅凭借关键词搜索，而不引入其他数据源，流感趋势算法在2012年犯下的错误还会重现。

好在谷歌搜索并不是唯一的数据源，美国社交平台推特网也同样聚集了大量用户，他们之间的互动形成了许多与流感相关的碎片。美国两位来自不同大学的研究员李继伟和克莱尔·卡迪便使用推特网上的流感相关数据制作了一幅流感预测图。

全美被分成了大大小小无数的小方格，这些小方格的颜色越深，说明这些小方格中得流感的人就越多，流感爆发的趋势越大；这些小方格的颜色越浅，说明这些小方格中得流感的人就越少，流感爆发的趋势越小。这幅使用推特数据制作的预测图同样与实际情况吻合得很好。

> **提示**　为了制作这样一幅预测图，研究员李继伟和克莱尔·卡迪在上千万条推特信息中筛选出了360万条同流感相关的推特信息，并找出这些信息都来自什么区域，这次研究涉及用户约100万个，其中使用的信息发布时间在2008年6月到2010年6月之间。这些信息不仅用于构建模型，同时也用于测试。

李继伟和克莱尔·卡迪所使用的数据统计和分析研究方式与谷歌流感预测相似，都利用了来自社交平台的海量数据。李继伟和克莱尔·卡迪制作的流感预测图比谷歌流感预测所高明的地方在于这两个研究员将流感爆发分为了4个阶段：尚未爆发期、感染人员数量增长期、感染人群数量稳定期和感染人员数量下降期。这样一个动态模型不仅可以实现每个区域内流感趋势的实时变动，同时也有助于预测流感从一个地区转向另一个地区的趋势。

从推特模型和谷歌模型的对比中，我们可以看到不同的数据源在建立流感预测模型时都可以取得相当不错的成绩，可想而知，如果将不同的数据源整合在一个算法中，相比这样一个流感趋势算法可以取得更高的准确率，而最新推出的百度疾病预测就采取了这样一种算法。

百度疾病预测服务可以查询11种疾病在全国各个城市的流行趋势，图8.3展示的是上海市的流感预测趋势，可以看到上海市多个区的流行趋势都为中高，这提醒上海市民应避免出门或出门时做好防护措施。

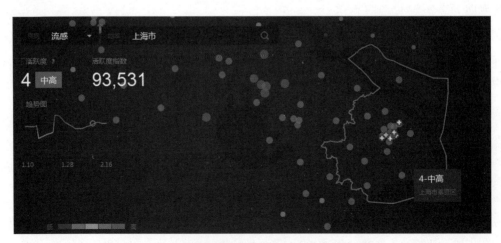

图8.3　百度疾病预测服务对上海市流感趋势预测

百度疾病预测服务不仅精准度非常高，其流感趋势在某些城市甚至可以具体到某个街区，而且其相当准确。对于流感这一病种，百度疾病预测的数据与官方机构收集的真实数据相比，绝对误差在 1% 以内的城市占比 62%，在 5% 以内的城市占比 89%。

与主要是通过相关性选取的检索词的谷歌流感预测相比，百度疾病预测直接从原始日志数据构造特征，在特征选取上会更灵活准确。而且百度旗下的社交平台有百度搜索、百度贴吧、百度微博和百度空间等，来源灵活丰富的数据无疑也有利于提高预测准确率。

8.2.3 以 Flu Trends 为代表的预测算法小结

生、老、病、死，这是一个人一生中的 4 件大事。尽管如今的医疗水平越来越高，但全球范围内城镇化的普及所造成人口的大量聚集却为传染病的散播提供了条件。仅以流感为例，全球每年 10%～15% 的人群会患上流感，受感染人数约 5000 万人，死亡人数约 50 万人。因此无论是谷歌流感预测还是百度疾病预测，这种疾病预测算法能在一定程度上阻止传染病的扩散，为人民和政府带来的好处是巨大的。

>
> 不仅是疾病预测算法趋于成熟，天气预测、天灾预测和地理预测等各类预测算法也具备了实现的条件，在数据采集技术和数据分析技术的支持下，这类预测算法将越来越多地造福人类，而社会也在呼吁着这类预测算法的出现。

疾病预测算法除提示我们要关注各类预测算法外，也展示了社交平台所存储的巨大信息量。疾病预测算法涉及了对社会言论的采集和分析，社会言论同样可以用于分析人们的偏好。

疾病预测算法同样暴露了大数据预测的缺陷。谷歌流感预测的失误提示我们，在大数据时代，对数据背后的含义的理解同样是一项重要的工作，否则就容易犯下武断的错误；另外，不同社交平台所提供的数据信息难免有重复之处，如何有效地过滤信息是一个急需突破的难题；最后，虽然如今的数据分析技术不断提高，但仍然有极限，如何在保留最多的有效信息和较快的处理速度之间找到平衡点，满足准确分析和实时分析两方面的要求同样是需要研究的问题。

8.3 Apriori 算法：透视美国国会投票模式

设立法案是一个国家的大事，美国法案的通过与否完全取决于美国国会议员的投票结果。美国国会议员的投票模式对美国国内政治形式、国际政治形式等均具有直接影响，对美国或国际的经济、教育和医疗等也具有间接影响。因此，美国国会投票模式一直是各界学者关注的重点，本节收集了一百例投票结果，并使用 Apriori 算法从中寻找一定的规律。

8.3.1 以立法者自居的美国国会议员

众所周知，美国是一个行政权、立法权和司法权三权分立的现代国家，其中行政权由总统行使，立法权由国会行使，司法权由法院行使，三者相互监督制约，达到平衡。

美国国会由参议院和众议院组成，其中参议院由各州自行选举，每州不论大小各选出两名任期 6 年的参议员，共 100 人；众议院的议员任期为两年，其议员数目和每个众议员的选区由每十年经过人口普查得到的数据决定，共 400 余人。

立法权是美国国会最重要的权利，美国所有法案、法规、条约、协议等文书都要由两个议院的议员表决通过或否决，因此国会是白宫最重要的掣肘。对于总统来说，取得国会的支持，是推行自身政治主张的必要条件。然而，无论是众议院还是参议院，每个议院的民主党和共和党都称得上势均力敌，从实际角度来说，光靠大道理来说服两个党派都服从总统的意志显然是不可行的。

对总统而言，想要巧妙地取得更多人的支持，可以从两方面入手，其一，增加议员中民主党人的数目，以此得到更多党派内的支持；其二，研究议员投票模式，从而巧妙地影响敌对党派，使其支持自己。

就第一个方面而言，参议院议员的数目和选区都是固定的，因此操作起来比较困难。所幸众议院议员的选区可以变动，对于民主党来说，设法将支持共和党的区域打散，与支持民主党的区域重组，或者在支持共和党的选区中安排多个民族以此令该共和党选区议员难以令人满意都是可取的办法。

但随着法律的日趋完善，在选区上做手脚已经越来越难了，更多的人将目光投向了第二种办法，即研究议员投票模式。如果能够成功地预测出议员的投票模式，总统就能提前知道什么样的法案可以通过，什么样的法案会被否决，从而在法案的文书拟定上更游刃有余，对议员偏好的研究也有助于总统安排辩论内容。此外，弄清楚影响议员投票的因素也有利于总统使用这些因素影响议员。

> **提示** 但是美国国会投票模式并不是一个简单的问题，对于一个具体的议员来说，影响他的判断的因素有政党倾向、政党领袖的意见、助理的意见、自身的见解和选区选民的影响等，尽管国会议员总共有 500 余人，但妄想摸清每个人心中想法显然是不现实的。

本节选择了 Apriori 算法，主要从每个议员往期的投票数据入手，从中得出了议员投票的规律，并给出了一份 ORC 公司的调查表帮助读者理解外在因素对议员投票结果的影响。

8.3.2 Apriori 算法和关联分析

Apriori 算法是关联分析的一种，其原理和本书第 6 章中介绍的关联分析原理相似。例如，假设样本数据是 500 余位议员对 100 项议案的态度——支持或反对。Apriori 算法能够帮助我们了解的是某个议员如果支持了一些法案，那么他一定会支持什么法案？如果某法案被某某议员支持，那么还有哪些议员会支持这个法案？

图 8.4 展示了 Apriori 算法的决策流程。

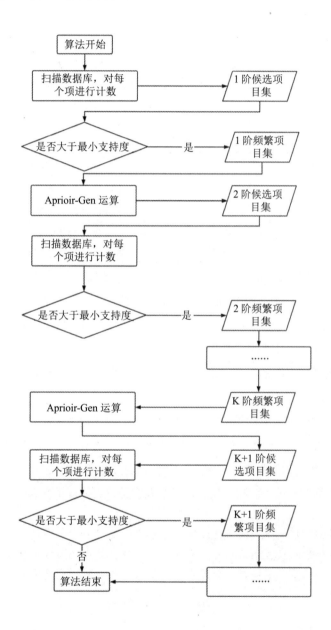

图 8.4　Apriori 算法的决策流程

在图 8.4 中，算法开始后首先扫描数据集中每个项的个数，并从中挑出出现频率高的项，即支持了许多法案的议员或有许多人支持的法案。然后考察单个的频繁项所组成的两个项的组合，看有没有两个议员同时支持了许多相同的法案，或者同时有相同的一大批人支持的两个法案，以此类推，最终找出被大多数议员偏好的法案项，或者大多数法案所吸引的议员。

通过这样的运算后，就像可以找出超市顾客在购买啤酒的同时也会购买尿布一样，同样也可以找出在美国国会投票中的一些模式。

表 8.1 给出了使用 Apriori 算法挖掘的 3 条规则，这 3 条规则将对法案的支持与否与投票人的党派联系在了一起，并给出了对其他法案可能持有的态度。其中规则 1 和规则 2 的用处并不大，这主要是因为相同党派的议员很可能对同一法案持相同结果。规则 3 的作用则明显一点，使用规则 3 可以预测法案是否能被通过。

表 8.1　3 条美国国会投票模式规则

规则数	条件	结果	置信度
规则 1	同意禁止联邦资助美国国家公共广播电台	该议员为共和党	99.6%
规则 2	不同意禁止使用医疗资金去补贴堕胎	该议员为民主党	95.1%
规则 3	不同意使用联邦资金赞助 NASCAR；同意废除医疗保健法案	该议员为共和党；同意暂停家庭支付终端项目	95.8%

前文已经提到，美国国会议员的投票模式受到很多因素的影响，要想理解美国国会投票的模式，首先要了解议员是怎样工作的。美国议员的参政意识非常强，另外，他们非常繁忙，如接待来自选区的客人，给选区人民寄来的信件回信，应付财团或政党派来的说客，众议员还要早早地开始准备下一次选举等。由此可见，议员的工作是非常繁忙的，同时这些议员多以律师、商人和银行家等文职工作者居多，而美国所设立的很多生物、物理和 IT 界的专业法案是非常晦涩的，议员们很难轻松地掌握法案的内容。

因此议员们往往采取随大流的做法。例如，像表 8.1 中规则 1 这样的，比较不重要的法案，议员们往往采取跟随他人意见的政策，因此规则 1 很容易得出所有同意该法案的议员都是共和党。这种情况也发生在政治纲领非常明确的法案上，例如，医疗改革的问题上，所有的共和党都反对改革（这可能与共和党纲领有关）。这不仅表达了个人意见，更体现了共和党和民主党的纷争。

> **提示**　对于议员们"随大流"的法案，民主党想要改变共和党的态度，更重要的是要善于暗示他们，使共和党的议员相信其他共和党议员都想要禁止使用医疗资金去补贴堕胎。而要想做到这一步，就需要了解在一个党派中，究竟哪些人的意见更重要，哪些人的暗示会影响议员的判断。

为了弄清楚究竟哪些人影响了议员的投票结果，美国 4 名学者委托调查公司 ORC 访谈了 99 个议员，并绘制了一张描述各方面因素对议员判断的影响程度的表格。

表 8.2 中给出了民主党和共和党在外交政策、国防政策、农业政策、社会福利和经济福利 5 个方面的法案表决中对议员助手、政党领袖、委员会和小组委员会主席、少数党召集人、州党团、同

事、媒体、选区利益集团、选民、总统及其助手、行政机构职员等暗示者的重视态度。重视态度以 11 分制表示，11 分表示非常重要，6 分的平均分则表示有些重要。

表 8.2　两党议员在不同政策领域对暗示者的重视态度　　　　　单位：分

	外交政策		国防政策		农业政策		社会福利		经济福利	
	民主党	共和党	民主党	共和党	民主党	共和党	民主党	共和党	民主党	共和党
议员助手	7.02	6.64	7.76	6.89	7.45	7.09	7.48	7.36	7.28	6.69
政党领袖	6.13	6.11	6.02	6.24	6.00	5.49	6.07	6.00	6.50	6.31
委员会和小组委员会主席	6.22	3.96	6.89	4.07	7.00	4.69	6.70	4.09	6.87	3.84
少数党召集人	4.13	6.09	4.67	6.51	4.94	6.51	4.44	6.27	4.50	6.29
州党团	5.11	4.64	5.13	4.87	5.79	5.58	5.39	5.16	5.48	5.22
同事	6.15	6.33	5.96	6.58	6.62	6.20	6.04	6.18	6.33	6.51
媒体	5.44	3.89	4.68	3.84	4.43	3.53	5.11	3.93	5.58	4.00
选区利益集团	6.41	5.42	6.13	6.02	6.57	6.73	7.13	6.82	6.80	6.38
选民	7.46	6.69	7.35	7.33	7.47	7.98	8.17	7.71	7.81	7.82
总统及其助手	3.22	6.71	3.52	7.24	2.89	5.29	2.94	5.58	3.22	6.69
行政机构职员	3.28	5.44	3.59	6.20	3.06	4.56	2.98	4.87	3.30	5.60

观察表 8.2，可以看到同一暗示者在不同领域中的重要程度是不同的，例如，委员会和小组委员会主席或少数党召集人在农业政策、社会福利和经济福利领域对议员的影响尤为重要，而在外交政策和国防政策领域对议员的影响就不太重要了。此外，同一暗示者对不同政党的影响也不同，例如，总统及其助手对共和党的影响就要远远大于对民主党的影响，这是因为这份调查发生在里根总统就任期间，而里根总统是毫无疑问的共和党，如果这份调查发生在奥巴马任职期间，情况恐怕会反过来。

西方学者一致认为无论在什么时候，美国议员们在不确定是否应支持某项法案时，都倾向于向特定的一些暗示者寻求帮助，即表 8.2 中列出的暗示者。通过这份调查表，我们可以弄清楚在不同领域中每种暗示者的作用，从而找到运用这种暗示能力的方法。

8.3.3　国会投票模式小结

本节从内在逻辑和外在暗示两方面研究了美国国会投票模式。

从内在逻辑来看，通过议员往期的投票数据，完全可以挖掘出议员对法案表决的规律，例如，某议员支持某些法案时，就一定会支持另一项法案这种规律。这样的规律可以从纵向来看待单独议员的行为模式，其中最容易理解的模式就是，如果某议员总是在支持某一类型的法案，那么对于这一类型的新法案，该议员持支持态度的可能会很大，不管与该议员同党的其他议员是否支持。

从外在暗示来看，由于议员的精力、眼界有限，议员的投票结果势必要受到许多方面的影响，研究具体哪些方面可以影响议员投票及每种影响的效果究竟有多大是非常必要的一项工作。对外在暗示的研究已经有了不少成果，例如，本节给出的ORC公司的表格就是一项非常有用的成果。

对于国会投票模式问题来说，内在逻辑提供的是议员们的一种行为模式，外在暗示则给出了议员做出这样的行为模式的原因。仅考虑内在和外在两方面都是有局限的，只有将两者结合起来，才能正确地预测美国国会议员的投票结果。而具体的结合方式应考虑将暗示行为量化，如从社交平台上收集各方面暗示者的态度等，并将暗示者的态度加入Apriori算法模型中，可以预想，综合了两方面数据的模型的预测结果应该是比较理想的。

尽管美国国会投票模式非常复杂，在以前，学者们只能将精力着重放在议员与其他人的关系上，随着计算能力的进步，如今工程师们已经可以使用算法从数据挖掘的角度找出议员投票的行为模式。

> 提示
> 如今世界上还有许多问题难以建模，有些问题难以收集有效的数据，有些问题的模型过于复杂，现有技术难以解决。对于数据分析师来说，重要的是训练出敏锐的数据分析的视角，这样才能在科技足够发达时，第一时间找出解决问题的方法。

8.4 SVD简化数据：IBM软件自动生成新菜谱

SVD方法就是奇异值分解方法，使用奇异值分解方法可以较为简便地从多维数据中提取特征向量。这一案例与第5章Netflix的案例所不同的地方在于，这是一个开创性的创新应用，通过这个案例可以看到更多不为人知的新领域；此外，这个案例不仅使用了SVD算法，同时也综合了其他算法。这两点正是IBM软件生成新菜谱案例的价值所在。

8.4.1 IBM推出可生成无限食谱的APP

所有研究人工智能的工程师都想知道：机器人睡眠时也会梦到电子羊吗？尽管如今的计算机越来越智能，能够完成各种复杂的工作，但能够自主产生创意的机器人仍然屈指可数。而IBM所推出的食谱生成软件就是这样一个用于制造创意的软件。

2014年年初，IBM的研究人员和纽约厨师学校的大厨搭档在一起，通过收集美食网站Bon Appétit上的9000种配料及所有配料组合出的两千万种菜谱，最终制作出一个根据使用者口味和喜好生成创意菜谱的软件，这款软件对世界上已有的菜谱并不感兴趣，它喜欢的是自己创造一些世界上从来没有过的菜谱。

用户只需向IBM所提供的软件中输入希望使用的食材、偏好的饭菜及想要尝试的口味，这款软件便可以生成创新程度依次从保守到大胆的一百种推荐菜谱，这些菜谱像传统菜谱一样包括需要的食材、食材的分量及菜品制作步骤。

例如，当向该软件中输入食材花生酱、肉、菠菜、墨鱼，偏好饭菜为面条、小米粥，想要尝试口味为鲁菜时，软件建议的100种菜谱中最保守的可能是北方火锅，而最大胆的可能是香肠沾花生酱配菠菜炒墨鱼。尽管香肠沾花生酱听起来十分奇怪，但是计算机确实曾给出这一搭配，而厨师实验后表示味道不错。

IBM 对其神奇的创意菜谱软件信心满满，并将用于计算的超级计算机搁在餐车上带去了在 2014 年举办的 SXSW 艺术节。在这次艺术节上，IBM 厨师根据计算机提供的创新菜谱制作了数十道千奇百怪的新菜品。现场参会者表示："菜谱的搭配有些奇怪，但味道不错。"

如今 IBM 超级计算机已经成功制作的菜品有西班牙的杏仁牛角面包和厄瓜多尔的草莓糖浆甜点，前者用热巧克力将面包完全包裹住，并在其上撒上糖霜和杏仁；后者则将奶油和肉松面包结合起来，并将草莓糖浆抹在面包上。此外，还有肯尼亚的孢子甘蓝脆皮、开曼群岛的大蕉甜点和芦笋乳蛋饼等。令人难以置信的是，IBM 超级计算机生成了如此多的新菜谱，在 2015 年来临之际，IBM 宣布已经确定要出版一本菜谱书了。

> **提示** 尽管 IBM 超级计算机取得了相当高的口碑，但是 IBM 与美食网站承认这款富有新意的软件仍然会犯错误，在软件所提供的上千万种不同的食谱中存在一些口味古怪的菜谱，软件在提供做菜步骤时也可能弄错。撇去这些缺点，这款软件仍然是一款富有创意的、能引发人们无限想象力的好软件。

8.4.2 SVD 简化数据与综合计算

SVD 算法主要负责计算机模型的训练过程。对于计算机来说，要想创造出新的菜谱来，首先要先弄清楚不同的食材之间究竟有什么样的联系，也就是说，计算机必须从已有的菜谱中学习菜谱形成的规律，从而按照这些规律拟定新菜谱。

美食网站 Bon Appétit 为 IBM 的计算机提供了 9000 种配料及所有配料组合出的两千万种菜谱，计算机必须通过阅读这两千万种菜谱，学习到诸如白糖和蜂蜜是非常相似的食材，而米饭和苹果则是两种完全不同的食物这类的食物搭配知识。

考虑计算机需要了解的先验知识，这些知识主要包括 3 个方面，其一，食材之间的相似性，计算机只有知道了食材之间的替代关系，才能够替换原有食谱中的食材，从而创造出新的食谱；其二，菜品之间的关联关系，计算机如果能够了解到炒饭和炒面是非常类似的食物，就可以为喜欢炒饭的用户推荐炒面；其三，食材与菜品的搭配关系，计算机不仅要创造新菜谱，还要明白新菜谱应该推荐给哪些人，了解了食材与菜品的搭配后，计算机就可以把含有辣椒的菜推荐给喜欢川菜的人。

下面尝试计算不同食材间的相似度。图 8.5 给出了一个用于计算相似度的简单矩阵，其中包括

5 种食材和 3 种菜品之间的相关关系。

$$\begin{array}{c} \text{大葱} \text{猪肉} \text{木耳} \text{冬笋} \text{胡萝卜} \\ \begin{array}{c} \text{鱼香肉丝} \\ \text{素三鲜} \\ \text{木须肉} \end{array} \left[\begin{array}{ccccc} 2 & 3 & 2 & 0 & 2 \\ 1 & 0 & 0 & 4 & 4 \\ 5 & 5 & 2 & 1 & 2 \end{array} \right] \end{array}$$

图 8.5 食材与菜品相关矩阵

矩阵中的数值越大，表明食材与菜品越相关，例如，大葱和木须肉所对应的数值为 5，说明对于木须肉来说，大葱非常重要；而大葱和素三鲜所对应的数值仅为 1，说明对于素三鲜来说，大葱不太重要。

而令人更感兴趣的是大葱是否和猪肉关系密切？人们在食用木耳时，是否也倾向于食用冬笋？为了回答这些问题，首先需要计算不同食材间的欧氏距离，使用它来表示食材的相关性。

大葱和猪肉的欧氏距离为 $\sqrt{(2-3)^2+(1-0)^2+(5-5)^2}=\sqrt{2}\approx 1.4$。

木耳和冬笋的欧氏距离为 $\sqrt{(2-0)^2+(0-4)^2+(2-1)^2}=\sqrt{21}\approx 4.6$。

> **提示** 将欧氏距离转换为皮尔逊相关系数可以更直观地观察相似性，皮尔逊相关系数等于 $1/(1+\text{欧氏距离})$。通过计算可知，大葱和猪肉的皮尔逊相关系数约为 0.417，木耳和冬笋的皮尔逊相关系数约为 0.179。皮尔逊相关系数的应用更广泛。在相关分析中，我们使用的就是皮尔逊相关系数。

由欧氏距离和皮尔逊相关系数换算的公式可知，对于两种食材来说，欧氏距离越大，其皮尔逊相关系数越小，相关性就越小。在图 8.5 列出的 5 种食材中，大葱与猪肉、胡萝卜与冬笋的相关性较高，木耳与冬笋、木耳与胡萝卜的相关性较低。

使用皮尔逊相关系数同样也可以研究鱼香肉丝、素三鲜、木须肉等菜品间的相关关系，通过计算可以发现，鱼香肉丝和木须肉是比较相似的两个菜，它们之间具有相互替代性。

> **提示** 从图 8.5 中得到的结论也许并不符合实际情况，例如，在实际生活中，木耳、冬笋、胡萝卜经常一起食用，图 8.5 所示的仅为极小的样本，只用于演示相关性计算方法，并不代表任何实际结论。

关于食材和菜品的搭配关系，使用奇异值分解是十分合适的选择。在图 8.6 中，矩阵 A 是一个与图 8.5 相似的矩阵，它使用行代表菜品，列代表食材，总共记录了 9000 种食材和两千万种菜品的相关关系。

$$\begin{bmatrix} a_{11} & \cdots & a_{1N} \\ \vdots & & \vdots \\ a_{M1} & \cdots & a_{MN} \end{bmatrix} = \begin{bmatrix} \ \end{bmatrix}\begin{bmatrix} \ \end{bmatrix}\begin{bmatrix} \ \end{bmatrix}$$

$$A \qquad\qquad X \quad Y \quad Z$$

图 8.6　奇异值分解矩阵

奇异值分解将矩阵 A 分解成 3 个较小的矩阵：X、Y、Z。矩阵 X 用于为菜品分类，矩阵 Z 用于为食材分类，矩阵 Y 则用于衡量不同类食材和不同类菜品的相关关系。

使用奇异值分解矩阵可以简单地将食材和菜品联系起来，当用户输入喜好的菜品种类时，计算机便可以找出与该种类相关的食材及食材的常见烹饪方法，从而组合出新菜品。除菜品和食材的关系外，计算机也是使用同样的方法学习了食材通常经历了什么工序最终变成食物的。

> 奇异值分解算法有效地将菜品和食材分别做了聚类处理，为计算机创造新菜品提供了大概方向，但是食材的种类十分繁杂，IBM 想要确保计算机提供的创新菜品受到欢迎，就必须从更深层的角度尝试寻找人类已有菜品的规律。

IBM 的工程师在 IBM 超级计算机构建的算法模型中加入了调味料手册文本文件，以便于计算机学习不同的食品配料有哪些成分，同时还纳入有关这些成分的化学结构信息，以及人类如何评定 70 种化学成分的"可口程度"的数据。

当计算机随机搭配相关的食材，创造出崭新的菜谱后，计算机会首先分析菜谱中的所有食材配料的成分，以及它们的化学结构信息，将食材中的化学物质和人类已知是否可口的 70 种化学物质对比并计算后，计算机可以得知新菜品的全部气味综合以后是否可口。

计算机在将新菜谱分享给用户之前，便可以通过气味间的对比计算筛选掉那些不尽如人意的菜谱。此外，计算机也可以分析已有的两千万种菜品中食材的组合模式，从而判断出它自己创造的新菜谱与传统菜谱的差异究竟有多大。这里运用的统计知识是购物篮分析或关联分析。

由于计算机随机搭配出的菜谱数量众多，在筛选掉那些不太美味的菜谱后，计算机仍然可以提供一大批菜谱出来。这些菜谱依赖其与传统菜谱的差异性进行排列。具体来说，计算机将菜谱分为 3 个等级：令人惊讶的菜谱（所有菜谱中与传统菜谱差别最大的菜谱）、令人愉悦的菜谱（与传统菜谱有些差别，让人觉得好玩又好吃的菜谱）和好吃的菜谱（与传统菜谱差别不大，但是比传统菜谱味道好）。

8.4.3　创新菜谱软件小结

IBM 这次所推出的大数据服务并没有落实在预测未来世界上，也没有落实到金融、经济和政治等更贴近高科技的领域中去，而是选择了创意性的服务，并落实在烹饪这一接地气的领域中。这一APP的推出最直接的好处在于使用新奇的服务吸引了众多APP用户,而庞大的用户群是APP变现的必要条件之一。

撇开出版社出版菜谱带来的版税不谈,IBM认为在不久的将来,计算机生成的食物很可能普及到各个大型商店中去,领导IBM团队开发该新奇的菜谱生成引擎的拉夫·瓦什尼这样表态:"我们正在就这项技术与数家大型食品制造公司、食品服务公司和风味屋洽谈展开合作。"

但是在食品制造业获得利润并不是IBM的最终目的,众所周知,IBM是一家高科技服务公司,而非食品制造公司。IBM的商业重心仍然落在金融服务、零售和医疗等领域,因此菜谱生成软件更多的是在为其他大数据服务探路。这项服务证明了一台计算机可以通过分析大数据,有创意性的、有依据的回答未知的问题。而计算机表现出来的学习能力正是所有工程师所追求的能力。

对于IBM的菜谱生成软件来说,由于计算机不能理解为什么菠菜不能拿来蒸着吃,因此计算机总是会犯一些奇怪的错误。此外,对于菜品的味道究竟是否会受人欢迎,计算机仅考虑了菜品的气味因素,如何在计算机模型中引入人类的味觉因素作为判断菜品味道的依据是一项急需解决的问题。

> **提示** 在今后使用算法从大数据中获取信息时,仅能学习是什么的算法模型将无法满足商业需求,只有能够进一步学习事物内部逻辑的算法模型才能够生存下来。而想要达到这一点,一方面需要数据分析师和不同行业的专家合作,另一方面需要更多、更新、更好的算法。

8.5 文本分析:垃圾邮件过滤系统

垃圾邮件过滤系统是一个已经被广泛应用的数据挖掘系统。构建一个垃圾邮件过滤器实际上是在构建一个二分类模型,与前文已经介绍过的聚类、判别模型不同,本节要处理的是一种非结构化数据,即文本数据。通过本节的学习,读者将了解到如何处理文本数据,并将分类问题转化为概率问题;将在分类问题和文本挖掘问题等方面有所启发。

8.5.1 回顾机械分词法和贝叶斯决策

分词是文本分析的第一个步骤。在英文中,单词与单词之间被空格分隔开,因此英文文档的分词工作是较为简单的,只需在每个空格处切割文本即可。但在中文中,字与字、词与词之间没有明显的分割点,因此需要一个模型来完成这件事。

在7.3节中已经提到过,最流行的分词模型是机械分词和贝叶斯分词,关于贝叶斯公式也略有介绍。图8.7绘制了一个机械分词示意图。

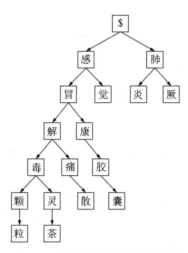

图 8.7 机械分词模型示例词典

图 8.7 一共收录了感冒、解毒颗粒、解毒灵茶、解痛散、康胶囊、感觉、肺炎和肺厥等 8 个词语，使用树状结构表示，当新的词语输入模型时，它就被用来与词典相匹配，从而完成分词工作。

以"感冒解毒颗粒"这一短语为例，模型首先提出短语的第一个字符"感"，并在词典中寻找到"感"字的位置，然后接着将短语后续的内容与词典中收录的词汇相匹配，由于"冒"字是最下方的终止字符，故"感冒解毒颗粒"中提出的第一个词汇就是"感冒"。之后原始短语中删除"感冒"，从"解"字重新开始匹配，最终完成分词过程。

> **提示** 在实际应用中，分词词典几乎包含了所有已知的常见词汇，因此中文句子中的所有词汇都可以切分出来。这种按照句子顺序从前向后切分的方法完全依赖词典的完备性，而不涉及任何概率知识的分词方法，就是机械分词模型。

机械分词模型只能按照从前向后的顺序切割，因此"我喜欢上海南了"这句话就会切割成"我、喜欢、上海、南、了"这种形式，为了避免这种错误，通常需要在机械分词模型的基础上引入神经网络或贝叶斯决策方法。

贝叶斯专门为条件概率问题总结出了一个条件概率公式：$P(A|B)=\dfrac{P(AB)}{P(B)}=\dfrac{P(B|A)\cdot P(A)}{P(B)}$，其中 $P(A|B)$ 表示在事件 B 成立的条件下，事件 A 的概率；$P(AB)$ 表示事件 A 和事件 B 都发生的概率。贝叶斯公式给出了 $P(A|B)$ 与 $P(B|A)$ 之间的关系，这两者的相似程度取决于 $P(B)$ 和 $P(A)$ 的相似程度。

总的来说，条件概率指的是已知一个事件发生的前提下，另一个事件发生的概率。贝叶斯条件概率公式也能扩展为涉及多个条件的条件概率公式：$P\left(X\middle|\sum Y_i\right)=\dfrac{P\left(X,\sum Y_i\right)}{P\left(\sum Y_i\right)}$。有了条件概率公式，条件概率问题的计算就简洁了许多。在实际生活中，条件概率的计算涉及多个条件的情况更为常见，

而利用多个条件计算得到的条件概率也更为可信。

贝叶斯决策是垃圾邮件过滤器的基础。除分词外，还尝试了利用样本数据提供的条件概率来计算新样本是垃圾邮件的概率。将邮件是垃圾邮件看作事件 X，将某个单词在邮件中出现看作事件 Y，然后通过统计样本是垃圾邮件时，某单词出现的概率来计算某单词出现时，新样本是垃圾邮件的概率。

8.5.2 词频统计在垃圾邮件过滤中的作用

解决了分词问题后，下面正式开始构建垃圾邮件分类系统。在垃圾邮件分类系统中，通常需要两组邮件，一组是用于训练的邮件，另一组是用于测试的邮件。训练邮件的分类属性已经提前知道，并且会告诉分类系统。测试邮件的分类属性也知道，但不会告诉分类系统。

将训练邮件按照垃圾邮件和正常邮件分为两组，为它们分词后，统计出每组邮件中高频出现的词语及它们的词频。

不妨设"某邮件中出现第 i 个词"这一事件为事件 A，"某邮件为垃圾邮件"这一事件为事件 B，则由样本数据得到的词频统计中包含着 $P(A|B)$，事实上，它就是已知邮件为垃圾邮件的条件下词的出现概率。我们称这个概率很高的词为高频词。

有些特殊的高频词只在很少的垃圾邮件中高频出现，为了避免过高的估计这部分词的重要程度，因此通常采用高频词在垃圾邮件中出现与否的频率，而不采用高频词在垃圾邮件中出现次数的总和。

可以理解为，这两组邮件中的高频词是绝对不会相同的。垃圾邮件中的高频词会是尊敬的、顾客、活动、促销、欢迎等，正常邮件中的高频词则是朋友、宠物、约会、有趣等。表 8.3 所示是一个词频实例。

表 8.3 训练邮件的词频统计图

	尊敬的	顾客	活动	促销	欢迎	朋友	宠物	约会	有趣	属性
1	1	1	0	1	1	0	0	0	1	垃圾邮件
2	1	1	1	1	0	1	0	0	0	垃圾邮件
3	1	0	1	0	0	0	0	0	0	垃圾邮件
频数	3	2	2	2	1	1	0	0	1	
频率	0.25	0.17	0.17	0.17	0.08	0.08	0	0	0.08	
4	0	0	0	0	0	1	0	1	0	正常邮件
5	0	0	0	0	0	1	1	1	1	正常邮件
频数	0	0	0	0	0	2	1	2	1	
频率	0	0	0	0	0	0.33	0.17	0.33	0.17	

表 8.3 所示是根据 5 封训练邮件统计得到的词频统计图。其中 0 表示某个词汇在某封邮件中没有出现，1 则表示某个词汇在某封邮件中出现了。我们将垃圾邮件和正常邮件分开统计，最终得到每个词汇在每种邮件中出现的频率。当训练邮件个数较多时，可以将频率直接当作概率来使用。

根据表 8.3，可认为尊敬的、顾客、活动、促销、欢迎、朋友、宠物、约会和有趣等词汇在垃圾邮件中出现的概率分别是 0.25、0.17、0.17、0.17、0.08、0.08、0、0 和 0.08，在正常邮件中出现的概率分别是 0、0、0、0、0.33、0.17、0.33 和 0.17。那么当新邮件中出现"尊敬的"这一词汇时，就认为它是垃圾邮件的概率是 0.25。

为了便于计算，通常假设高频词在某一邮件中出现的可能性是独立的，即邮件中有没有这个词和有没有那个词互不影响。

当新邮件出现时，首先对其进行分词，并根据概率公式 $p = \sum_{i=1}^{9} c_i p_i$，可以计算新邮件属于垃圾邮件或正常邮件的概率，例如，对于一个同时含有尊敬的、欢迎、朋友、约会和有趣这几个词的邮件来说，它属于垃圾邮件的概率为 1×0.25 + 0×0.17 + 0×0.17 + 0×0.17 + 1×0.08 + 1×0.08 + 0×0 + 1×0 + 1×0.08 = 0.49，属于正常邮件的概率为 1×0 + 0×0 + 0×0 + 0×0 + 1×0 + 1×0.33 + 0×0.17 + 1×0.33 + 1×0.17 = 0.83。由于 0.83 大于 0.49，因此新邮件属于正常邮件。

在根据训练邮件得出模型参数后，还需在测试集上测试模型的准确率，即使用模型为测试集分类，并观察预测结果和实际结果的差异。这种交叉验证方法在机器学习中是不可或缺的一个步骤。

> **提示** 此外，可以想到，邮件样本个数越多，高频词也就越多。还需考虑测试邮件中既不是垃圾高频词又不是普通高频词的词汇。即便将垃圾邮件中所有出现过的单词都视为垃圾高频词，普通邮件中所有出现过的单词都视为普通高频词。除这些单词外，测试邮件中还可能出现其他未知的单词。

因此，还需单独设置一个词表，手动放入一些词汇用于判断邮件类别。而当某个邮件中未知词汇过多时，也应有对应的处理方法。

考虑到在真实情况中，特征词成百上千，在概率值连乘的结果下，测试邮件属于垃圾邮件或普通邮件的概率值都非常小，显然，概率值越小，测试邮件属于某类邮件的可能性就越低。

8.5.3 文本分析小结

大数据时代最显著的一个特点就是能够在海量的数据中获取有用的知识。数据分析师之所以能够利用海量数据，不仅是因为现代世界数据量的爆炸性增长，还因为我们开始利用以往忽略的非结构化数据。这些非结构化数据包括图像、音频、视频、文字等，它们占据了现有数据量中的绝大部分。

在大数据时代到来前，我们对于非结构化数据的利用是低效的。例如，犯罪事件发生后，警察会调出视频记录查看案件发生时的情况，这时几百个小时的视频记录中只有几分钟被利用起来了，这种利用是非常低效的。但是现在我们可以用这些视频来训练人脸识别算法，并在新的监控视频中智能识别出罪犯，这种基于大数据和算法的识别就比较高效了。

对图片、视频的分析工作统称为图像分析，同理，对文字的分析工作统称为文本分析。本节介绍的垃圾邮件过滤系统是一个经典的文本分析问题。为了解决这一问题，本节着重讲述了如何使用机械分词方法为中文分词，以及如何将概率相加计算得到每一个新邮件最终属于垃圾邮件或正常邮件的可能性。

在文本分析中，还有许多值得补充的内容。例如，对于分词来说，专家系统分词模式、神经网络分词模式及路径选择分词模式等都是机械分词模式的加强版，它们在精确度方面要优于机械分词模式，但机械分词模式的速度是最快的。无论是哪种分词模式，分词结果的准确与否都极大地依赖于分词词典的完备性。

而对于概率计算方法来说，一方面使用的是词集模型，即考虑某一单词在某一邮件中是否出现，而没有使用词袋模型，即考虑某一单词在某一邮件中出现的次数；另一方面使用的是简单的概率相加公式，它计算简洁，但最终结果并不是落在 0~1，因此具有缺陷。作为简单概率公式的改进，也可以使用概率相乘公式或朴素贝叶斯概率公式来计算新邮件落入不同邮件分类中的概率。

此外，还可以选择其他解决问题的思路来处理垃圾邮件分类问题。例如，将每一个特征词看作一个维度，使用支持向量机或 K 均值聚类算法来完成分类。但由于在垃圾邮件分类问题中，提取的特征数往往非常多，且数据中存在很多 0，因此支持向量机或 K 均值聚类算法的效果并不会比朴素贝叶斯算法的效果好。

> **提示**　垃圾邮件分类问题的重点在于合理地提取用于计算概率的特征词，而对于其他文本分析问题来说，使用数据表示文本信息的方法未必是唯一的，在具体问题中如何将文字性的问题转化为用公式表达的问题才是重点。

总的来说，大部分文本分析问题都是垃圾邮件分类系统的变形或复杂化，如分析论坛上的用户发言、推特内容、微博内容和新闻网站发布的文章资讯等，文本分析能够解决的问题十分丰富。在文本分析中使用概率的规则要比使用硬编程的方法好得多，在估计概率时好的分词系统将起到重要作用。此外，在模型中加入人为监督的因素也会提高分类准确度，例如，在垃圾邮件分类问题中人为筛选高频词。

8.6　AdaBoost 元算法：侦测欺诈交易

AdaBoost 算法是自适应 boosting 算法的简称。它通过构建一系列的弱分类器来达到强分类器的效果，是一种非常有趣的算法。本节介绍了 AdaBoost 算法的核心思想及该算法中一些重要参数的计算方法，并通过侦测欺诈交易的例子展示了它是如何工作的。在本节最后，还比较了 boosting 算法和 bagging 算法的异同。

8.6.1 使用异常值侦测欺诈交易

欺诈交易是一类经常存在于经济和社会领域中的非法活动，欺诈活动和正常活动有着本质的差别，从数据挖掘的角度考虑，欺诈行为通常与异常的观测值相关联。在侦测欺诈交易时，其实也就是在寻找特殊的样本点，即将全部样本分为正常的和特殊的两类。

前文已经介绍过许多分类模型。按照分类效果，全体分类模型可以分为弱分类器和强分类器两种。其中弱分类器指的是分类结果比随机猜测稍微好一些的分类模型，例如，在二分类问题中错误率稍微低于 50% 的分类模型；强分类器指的是分类结果相当好，大部分样本点都能成功分类的分类模型。

弱分类器和强分类器就好像荧光和日光的差别一样，所谓萤火之光，岂敢与日争辉？但荧光的力量虽然微弱，只要积攒起来，那也不一定就比日光差。一系列弱分类模型累加起来的分类效果不会逊色于一个强分类模型，这是经过数据分析师的实践检验的真理。

把一系列弱分类模型一块构成的分类算法称为元算法，Adabooting 算法就是元算法的一种，它属于 boosting 算法的一种，由多个弱分类模型并联而成，每一个弱分类模型都针对前一个弱分类模型的错误样本做出补救。元算法能解决一些强分类模型不能解决的难题，例如，分类不均衡问题。

> **提示** 典型的强分类模型有 K 均值聚类、决策树、朴素贝叶斯和 Logistic 回归等算法，在进行训练时，它们都要求（至少是希望）每一个类别中的样本数目大致相同，受样本数目影响最强烈的是 K 均值聚类，如果有一些类别中的样本数目明显多于另一些，那么 K 均值聚类的聚类中心就会发生偏移。而元算法则没有关于不同类别样本数目是否均衡的局限。

欺诈交易的侦测工作就是这样一个类别样本数目不均衡的问题，容易理解，如果一个信用卡公司的欺诈交易和正常交易一样多，那么这个公司一定没有什么侦测欺诈交易的需要，因为它早就宣布破产了。一般而言，正常交易的数目至少是欺诈交易的几十倍，当然也可以只选用一点点正常交易的样本，使正常交易和欺诈交易的数目达到平衡，从而能够在这个问题上运用强分类器。但这样做会抛弃很多正常交易中的有用信息，无疑是削足适履，得不偿失。

而元算法就没有这方面的顾虑，在侦测欺诈交易的问题上，元算法的表现迅速超越了其他分类算法，这种优势能够推广到所有类别样本数目极不均衡的分类问题中。接下来 8.6.2 小节所要讨论的就是 AdaBoost 元算法究竟是怎样工作的，以及如何利用模型指标来评价元算法的好坏。

8.6.2 AdaBoost 元算法的分类器构建方法

元算法是一个庞大的家族，可以选择不同的聚合方法来聚合一系列弱分类器，例如，使用 boosting 算法或 bagging 算法；弱分类器的具体算法也有许多选择，K 均值聚类、决策树和朴素贝叶斯等都可以作为弱分类器算法，毕竟弱分类器只对分类效果做出了要求，而对具体的算法没有限制。聚合方法的多重选择及分类器算法的多重选择使元算法十分丰富多变。

以决策树算法为例，一个弱分类器可能就是如图 8.8 所示的这样一个算法示意图。

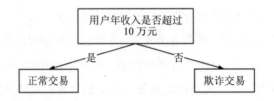

图 8.8　弱分类器算法

图 8.8 给出了一个决策条件：用户年收入是否超过 10 万元？如果答案为是，就认为这是一个正常交易；如果答案为否，就认为这是一个欺诈交易。用这个简单的决策树去判断样本数据究竟是不是欺诈交易时，它显然会犯很多错，判断结果的准确性可能只比随意猜测高一点点，因此这是一个典型的弱分类器。

只单独依靠一个如图 8.8 所示的弱分类器显然是不行的，因此还需要构建更多的弱分类器。当第一个弱分类器构建完毕后，要找出已有的弱分类器所不能成功分类的样本，并在下一轮的分类器训练中着重关注这些在上一次分类中没能正确分类的样本。

也就是说，元算法中的第 1 个分类器一定会犯错误，将一些样本分错类，因此每两个分类器就要努力补救第 1 个分类器的错误，通过更多的关注第 1 个分类器分错类的那些样本以达到补救的效果。但是补救不可能一步到位，因此还需要第 3 个分类器来补救第 2 个分类器的错误，如此循环，直到错误率低于某个标准或分类器的数目达到某个阈值为止。

当所有的弱分类器都训练完毕后，每一个弱分类器都会给出一个分类结果，综合考虑所有的分类结果，便得到了最终的分类结果。AdaBoost 元算法使用加权求和的方法来找出最终分类结果，每一个弱分类器的分类结果所得到的权重与弱分类器的错误率有关。

图 8.9 所示是 AdaBoost 元算法的训练过程示意图。首先训练的是分类器 A，给定分类条件后，分类器的错误率为 $\varepsilon_A = \dfrac{S_w}{S}$，其中 S_w 为分类错误的样本数；S 为总的样本数。

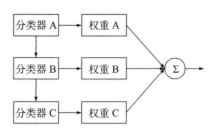

图 8.9 AdaBoost 元算法的训练过程

有了分类器的错误率,即可计算每个分类器的权重。权重 A 的计算公式为 $a_A = \frac{1}{2}\ln\left(\frac{1-\varepsilon_A}{\varepsilon_A}\right)$。

进一步地,有了分类器的权重,即可根据分类结果对每一个样本的权重进行更新,在分类器 A 中分类正确的样本的权重被更新为 $D_i^B = \frac{D_i^A \cdot e^{-\alpha_A}}{\text{Sum}(D)}$,在分类器 A 中分类错误的样本的权重被更新为 $D_i^B = \frac{D_i^A \cdot e^{\alpha_A}}{\text{Sum}(D)}$。此时分类器 A 分错类的样本得到了更大的权重,分类器 B 会侧重于对它们正确分类。而根据分类器 B 的分类结果又可以计算出权重 B,并同时更新出分类器 C 中每个样本的新权重。特别地,由于分类器 A 是所有分类器中的第 1 个分类器,因此它训练样本时每一个样本的权重都是一样的。

有了所有分类器的分类结果和分类权重后,使用 1 表示样本被分入欺诈交易类别,使用 0 表示样本被分入正常交易类别,将所有的结果加权求和后,即可得到最终的分类结果。

> **提示** 通过汇聚一系列的弱分类器,AdaBoost 最终可以达到强大的分类效果,图 8.10 所示是一个 AdaBoost 元算法的分类结果示意图,可以看出,它能够构建出非常复杂的分类曲面,将任意混杂在一起的样本分开来,这种效果与支持向量机十分相似,这是因为这两种算法的本质思想颇有共通之处(可以将分类器想象成支持向量机的核函数)。
>
>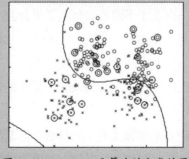
>
> 图 8.10 AdaBoost 元算法的分类结果

AdaBoost 元算法和支持向量机同样强大,它们都能妥善地解决复杂的非线性分类问题。与支持向量机相同，AdaBoost 元算法只能处理二分类问题，如果想要应用它来解决多分类问题，就需要构建多个元算法。元算法与支持向量机的计算方式并不同，因此分类结果也不会完全相似，随着样本空间维数的增加，这种差异也会明显起来。

8.6.3 AdaBoost 元算法小结

AdaBoost 元算法是 boosting 方法中最流行的一种，所有的 boosting 方法都具有与 AdaBoost 相似的算法思想，即使用一系列新弱分类器纠正旧分类器的错误，从而降低错误率。boosting 方法中的弱分类器的权重彼此并不相同，这也是 boosting 方法的一个特征。

除 boosting 方法外，bagging 方法是另一个流行的集成算法。bagging 方法首先对原始样本随机抽样，抽出许多和原始样本一样大的样本，由于抽样时允许多次抽取同一个样本点，因此这许许多多的新样本之间存在微弱差异。对每一个新样本都训练出一个弱分类器，将这许许多多个弱分类器的分类结果综合起来就得到最终的分类结果。著名的随机森林算法就是 bagging 方法的一种。

与 boosting 方法不同，bagging 方法中所有的分类器的权重都是相同的。而且 bagging 方法能够降低模型的方差，改善模型过拟合的问题；而 boosting 方法则能够降低模型的偏差，改善模型欠拟合的问题。总的来说，这二者都能够解决分类问题中最严重的非均衡分类问题。

前文已经提到，不同类别样本数目不均衡的分类问题是一种非均衡分类问题。例如，信用卡公司的欺诈交易和正常交易的数目不会相同，再如，心理学家关心的杀人犯和守法公民的数目不会相同。强行要求每个类别的样本数目是不明智的，而元算法可以解决这种棘手的分类问题。

此外，不同类别分类代价不相同的分类问题也是一种非均衡分类问题。例如，人们不会在乎收件箱中偶尔收到几份垃圾邮件，但是如果正常邮件被分到垃圾箱中去，这就很糟糕了。再如，鲑鱼罐头中分入鲫鱼会导致消费者投诉，而向鲫鱼罐头中分入鲑鱼，消费者就不会责怪厂家了。这些问题中不同类别的样本分错类的代价是不同的，因此要尽可能使分类系统的整体代价最小才行。而元算法是一种能够在准确率和分类代价中找到平衡点的最佳算法。

AdaBoost 元算法最神奇的一点在于不同的弱分类器组合会产生不同的效果，这一点对其他元算法来说都是一样的。简单来说，AdaBoost 元算法既可以由一系列相同的弱分类器构成，又可以由一系列不同的弱分类器构成。针对某一个具体的问题来说，一些强分类器会造成过拟合的效果，另一些强分类器则会造成欠拟合的效果，而 AdaBoost 元算法能够完美的中和不同分类器的效果，从而得到最佳的模型。

尽管理论上 Adaboost 元算法是非常强大的一种算法，但是只要是算法，就会有局限的地方。AdaBoost 元算法要占用大量的计算空间和计算时间，如果计算机的内存不够，算法甚至可能跑不起来。而且想要使 AdaBoost 元算法发挥出最大的作用，就必须要对每种分类器的性能很熟悉，这样才能找出正确的弱分类器组合。即使理论知识和实践知识都很丰富，也必须多次尝试，才能针对某一具体问题找到最佳的弱分类器组合。